나의 선생님

선생님

곽병휴 지음

신아사

서문

언젠가 꼭 쓰고 싶은 책이 있었다.

지금까지 살아오면서

내게 감동을 준 사람들에 대한 이야기이다.

그들은 그냥 내 기억 속에 머물러 있는 것이 아니라

나의 삶에 영향을 미친 분들이다.

내 생각을 바꾸어,

나도 그들처럼 살게 한 분들이다.

그러니까 이분들은 나의 참된 선생님들이다.

그러니까 누군가에게

그들에 대해서 전하고 싶은 분들이다.

나를 넘어 이제는

또 다른 누군가에게까지도

영향을 주었으면 하는 분들이다.

나는 그분들을 진정한 나의 선생님으로 생각한다.

내게 큰 가르침을 주셨으니 말이다.

그분들에게는 공통점이 있다.

그들은 하나같이 모두 신실하다.

나라는 나무에 혹 작은 열매가 맺혀 있다면

모두 그분들이 가꾼 것이다.

그러기에 그냥 '선생님'이라는 한 마디로는 부족하다.

「선생님, 나의 선생님」이라고 불러야 할 것 같다.

증보 개정판을 내면서

정년퇴임을 앞두고

서둘러 책을 펴내는 바람에

소중한 나의 선생님

몇 분이 누락되었음을 알게 되었다.

그러나 책은 이미 발간되어 버린 후라

아쉬워 하다가

이런저런 나의 선생님들을

함께 모아

증보 개정판을 내게 되었다.

더 많은 선생님들을

모시게 된 나는

더욱 행복한 사람이다.

차 례

선생님, 나의 선생님

위문편지

내가 초등학교 1학년 때였다.
당시에는 연말이 되면 모든 학생들이
전방에서 근무 중인 군인 아저씨들에게
위문편지를 써야 했던 시절이었다.
자기가 전혀 알지도 못하는 군인 아저씨들에게
위문편지를 써야 했던 시절이었다.
글씨도 겨우 익힌 초등학교 1학년인 나도
위문편지를 써야 했다.
자기 이름 석 자 겨우 익힌 그 나이에
모르는 분에게 편지를 쓴다는 게 얼마나 힘들었겠는가?

임은섭 선생님,
선생님은 시골의 조그마한 우리 학교로 부임해 오셔서
우리 동네의 비교적 깨끗한 집에 세 들어 사셨다.

선생님은 아마 우리들의 이런 어려움을 이해하셨나 보다.

선생님께서 어느 날
나를 선생님 댁으로 부르셨다.
촛불 밑에서
나는 선생님께서 불러 주시는 대로
위문편지를 받아 적었다.
그때 무엇을 적었는지
지금 내 기억에는 없다.
깜깜한 방, 어둠을 겨우 밝히는 촛불,
선생님과 나만 기억한다.
그리고 선생님께서 당시 나의 구세주이셨다는 것.

아, 지금 생각해도 신이 난다.
위문편지를 보내고
얼마의 시간이 흐른 후
누런 봉투에 담긴 답장이 왔다.
우리 반 친구들 중에
나만 군인 아저씨로부터 답장을 받았다.

우리 선생님 덕분에 답장을 받았다.
답장을 받게 해주신 선생님이 참 고마웠다.
혹 내가 선생님이 된다면
임은섭 선생님 같은 선생님이 되리라 다짐했다.

후일 내가 어른이 되어 군에 입대하였다.
연말이 되어 나도 위문편지를 받았다.
여러 통의 위문편지가 자루에 담겨 내무반에 배달되었다.
그 편지들 중에서 몇 장을 골라 읽고
나는 그들에게 답장을 보냈다.

그때 나는 임은섭 선생님을 생각했다.
그리고 내게 답장을 보내주신
그 군인 아저씨를 생각했다.

청하중학교

포항에서 동해안 7번 국도를 따라 가다
청하 장터로 가는 구 도로로 들어가면
장터가 나오기 전 좌편에
조그마한 학교 하나가 있다.
옛 이름 해아중학교,
현재 이름 청하중학교.

개울가에 아름드리 소나무로 둘러싸인
조그마한 학교.
벚나무, 매실나무, 호두나무가
철마다 교정 안에서
우리들의 침샘을 자극하던
조그마한 학교.

하지만 그곳은 참교육이 살아 있던 곳!
생물 수업시간에는
책 속의 내용에 따라 닭을 해부하였고,

군집에 대해서 배울 때에는
숲속으로 들어가
가로 세로 1미터씩 줄을 치고
그 안에 살고 있는
식물들의 군집을 조사하였다.

수학시간에 교실에서 우리는
삼각형의 한 변의 길이와 양 끝 각을 알 때에
다른 두 변의 길이를 알 수 있다는 것을 배웠다.
하지만 그것으로 끝이 아니었다.
우리는 줄자와 각도기를 들고 운동장으로 나가
현관 앞에 서 있는 국기 게양대의 높이를 예측하고,
그것이 맞는지 알아보기 위해
국기 게양대를 눕혀 실제의 길이를 재어 보았다.

어디 그것뿐이랴!
과학시간에 침전에 대해서 배울 때에는

흰 가운을 입은 박우달 선생님은
질산은(AgNO3)과 염산(HCl)을 섞어
침전된 염화은(AgCl)을 우리 눈에 보여주셨다.
바로 그 살아 있는 교육 때문이리라.
그로부터 50년의 세월이 흘러
내 기억력이 감퇴했어도
그것은 아직도 내 기억에 생생하다.

이상일 선생님은 영어회화를 어찌나 강조하셨던지!
매일 오후에 우리는 Tom과 Judy의 대화를 암기해야 했고,
만족스럽지 못할 때에는
손바닥에 불이 나도록 회초리로 맞아야 했다.

온실 안으로 들어가면
하늘하늘한 아스파라가스의 잎이
우릴 맞아 주었고
봄이 되면

임윤득 선생님은
글라디올러스와 홍초(칸나)의 뿌리를 분양하여
각 동네마다 심게 하셨다.

교육이라는 것이
머리로만 익히는 것이 아니라
사지와 오감으로
체험하는 것임을 가르쳐 준 곳.

태백령 뻗어내린 기슭에
육대주 뻗친 바다를 가슴에 안고
관송정 옛 터전에 자리 잡은 학교.
그 청하중학교와 은사님들께서 내게 가르쳐 준 것은
교육이라는 것이
흙냄새, 거름 냄새와 함께하는 것이고,
머리보다는 가슴이 먼저이어야 하며,
또한 온몸으로 체득해야 한다는 것이었다.

그러나 그 후의 세월 동안
항상 머리로만 배워야 했기에
어린 시절 은사님들의 가르침을
까마득히 멀리에 두고
나도 그냥 머리로만 배우도록 가르친 적이 많았다.

이제 정년퇴임을 목전에 두고
아쉬움과 반성이
내 앞에 엎드린다.

자야 누나

고등학교 시절이었다.
1972년 7월 21일, 나는 입주 과외지도를 하러
선생님 댁으로 들어갔다.
하숙비를 벌려고 과외지도를 하러 들어간 것이다.
내 중학교 시절 은사님이 대구에 있는 학교로 옮기셔서
제자들 과외지도를 하고 계셨다.
나는 그 꼬맹이 중학생들에게 수학을 가르쳤다.

자야 누나는 선생님 댁의 가정부였다.
자야 누나는 참 착했다.
자야 누나는 참 알뜰했다.
한 달 월급 5,000원을 받으면,
그 돈 전부를 곗돈에 부어 넣었다.

이듬해 초
낭비벽이 있어 어쩌다 내가 누나 돈을 빌렸다.

거금 3,000원이었다.
자야 누나 월급의 절반이 넘는 금액이고,
내 한 달 용돈이나 되는 금액이었다.

그해 8월 9일,
대학에 들어가기 위해서
공부를 해야 한다는 핑계를 대며
나는 입주 과외지도를 그만두고
선생님 댁에서 나왔다.
나는 자야 누나의 돈을 갚지 못한 채
선생님 댁에서 나왔다.
학생이라 벌이가 없으니,
그 돈을 어찌 갚을 수 있었겠는가?
용돈을 절약하여 갚으려 했으나
여의치가 않았다.
돈 쓰는 버릇이
변하지 않았기 때문이었다.

한두 달이 흘러가고,
해가 바뀌어도
자야 누나는 나를 찾아오시지 않았다.
거금 3,000원을 떼먹고 달아난 빚쟁이를 찾아
내가 다니던 학교로 오시지 않았다.
학교로 찾아오시면
빚쟁이를 만날 수 있는데 말이다.

3학년이 되어 예비고사를 칠 즈음에
나는 3,000원을 들고 자야 누나를 찾아갔다.
연락을 끊고 지낸 나를 원망하실 법도 한데,
'언젠가 네가 나를 찾아올 거라고 믿었다'는 듯이
예전과 마찬가지의 눈빛으로 안부를 물으셨다.

내게서 돈을 빌려 가는 사람들에게
나는 빚 독촉을 하지 않는다.
자야 누나가 말없이 일 년 반을 참았으니

나는 적어도 이 년을 참아야 한다고 생각한다.
이 년을 참다 보면
삼 년 혹은 그 이상도 참는다.

가까이 지냈던 집사님들,
그리고 내 친구가
적지 않은 내 돈을 빌려 갔다.
그러나 나는 그 돈을 독촉해 본 적이 없다.
최소한 이 년을 참다 보면
삼 년도 흘러가고 오 년도 흘러간다.

60만원을 빌려간 이** 집사님,
350만원을 빌려간 김** 집사님,
그리고 1400만원을 빌려간 성** 내 친구도 있다.
참다 참다 보니 결국 모두 받지 못했다.
내 표현이 잘못되었다. 누가 줘야 받지!
참 안타까운 것은 내 친구이다.

내 친구 성**은 현금 대신에 법원에서 판결받은
<파산 선고>를 보내왔다.

자야 누나의 돈을 빌려 간 내게 사정이 있었듯이
내 돈을 빌려 간 그들에게도 사정이 있을 것이다.
그 생각에 내가 돈을 받지 못해도 그냥 참는다.

다 바보 같은 자야 누나 때문이다.
착하디 착한 자야 누나 때문이다.

세월이 많이 흘러
나는 그 바보 같은 자야 누나를
다시 만날 수 있었다.
자야 누나는 시골에서
깻잎 농사를 짓고 계셨다.
어느 날 손수 가꾼 깻잎 한 상자를
내게 보내주셨다.

나는 우리 교회 찬양대원들과
고소하게 함께 먹었다.
그리고 나는 사람들 앞에서
자야 누나 칭찬을 억수로 했다.

그런데 자야 누나의 아드님이 장가드는 날
빚쟁이였던 나는 돈을 늦게 갚은 죄의
품앗이로 주례자로 섰다.

참 기이한 인연이다.

악당지옥(樂黨之屋)

나는 부끄러움을 많이 탔다.

흔히 말하듯이 남자로서 숫기가 없고 암되었다.

내가 어릴 때에 선친은

남자는 부끄러움이 없어야 한다고 종종 말씀하셨다.

그러나 그 성품도 타고나야 하는 것이다.

대학을 졸업한 후에

대학원 시험에 합격해 놓고

일단 나는 군복무부터 하기로 했다.

5월 12일자로 입영통지서를 받았다.

조교를 맡아 달라는 교수님들의 제의를 거절하고

군복무를 핑계대고 대학원 수업에는 들어가지 않았다.

그때 군에서 제대하고

복학한 허만호 선배님이 동업을 제의하셨다.

사업의 내용은 핫도그 장사였다.

리어카 구입을 포함하여
모든 사업자금은 허 선배님이 부담하시기로 하고,
나는 부사장으로서 포장마차를 맡아 달라고 했다.
숫기가 없던 나는
부끄러움을 덜어보려는 목적으로
허 선배님의 동업 제의를 받아들였다.
허 선배님이 수업에 들어갈 때에는
포장마차를 혼자서 지켜야 했다.

당시 경북대학교 후문 앞 한 쪽은
연탄재가 버려진 공터였다.
우리는 거기에 포장마차를 설치했다.
재료는 핫도그 재료 중 최고급을 사용했다.
건강에 좋은 당근을 반죽에 썰어 넣었다.
그러면 핫도그는 울퉁불퉁하였지만
맛이 좋아 인기가 있었다.
오뎅과 핫도그가 그럭저럭 팔렸다.

어학공부를 하려고 샀던 일제 내셔널 녹음기를 틀어
비틀즈와 아바, 그리고 유심초의 노래 등,
당시에 유행하던 음악도 흘려보냈다.

이른 아침 등교하는 학생들이 지켜보는 가운데에
가까운 다방에 맡겨둔 핫도그 굽는 기구들을
포장마차로 나르면서,
그리고 고객으로 포장마차 안으로 들어온
예쁜 여학생들이 지켜보고 있는 가운데
핫도그 반죽을 하면서
내 부끄러움은 차차 줄어 들었다.

어느 날 허 선배님이 포장마차에 간판을 달았다.
포장마차의 이름은 "악당지옥(樂黨之屋)".
'풍류가 있는 무리들의 집'이라는 뜻이다.
흰 창호지에 세로로 쓴 붓글씨를
포장마차 여러 곳에 핀으로 꽂았다.

당시 학생들의 시위가 심했던 터라
그 이름이 기묘하여
경북대학교 후문의 경비 아저씨가
우리에게 와서 그 뜻을 물어가기도 했다.
모르긴 해도 경비아저씨의 감시의 대상이기도 했다.

그런데 내 동업자이자, 실세 사장인 허 선배님은
깡 소주를 즐기는 다변의 괴짜였다.
"악당지옥"이라고 그가 지은 상호가 말해주듯
창의성이 또한 기발했다.
우리가 실제 동업한 날은 한 달 남짓했지만
나는 그 허 선배님으로부터 많은 것을 배웠다.

허 선배님은 내게 말을 낮추지 않았다.
항상 존댓말을 사용했다.
내가 말씀을 낮추시라고 하면
사업가는 "말을 낮추는 순간부터

50만 원이 손해"라고 했다.
'50만 원'이라는 금액의 기준은
어떻게 정한 것인지는 모르겠으나,
사업을 하려는 사람이 상대방을 하대하면
그가 부탁하는 것을 무조건 들어줘야 하기 때문에
하대하면 안 된다고 했다.

88올림픽이 다가오자
위생적인 일회용 컵을 만들어 팔겠다며
시제품을 만들어 와서는
양념 돼지 갈비 집으로 나를 초대하여
시제품에 대한 품평을 요구하기도 했다.
그랬던 그가 후에는 '대호 종이컵'으로
코레일에 납품까지 했으니
일단 목적은 성취한 것으로 보아야 하지 않겠는가?

내 기억으로 허 선배님은 한 때

'1t.co.kr'이라는 티셔츠 쇼핑몰을 만들었다.
검색을 할 때에 맨 먼저 떠올라야 한다며
아라비아 숫자를 넣고,
티셔츠를 t로 표현하였다.

통나무집을 지어 전원주택으로 팔겠다며
캐나다에까지 다녀온
허 선배님의 그 후의 소식은 감감하다.

많은 선후배 중에
유독 나를 사랑한 허 선배님은
그때까지 순진하기 그지없었던 내게
조금이나마 세상을 읽는 눈을 뜨게 했다.

세계의 경제를 읽어야 한다며
영어로 된 세계의 유수 경제지를 정기 구독했던
허 선배님은 그게 그냥 허세가 아니라,

선각자가 되기 위해서 어떻게 애써야 하는지
그 단편을 내게 보여주었다.

평범한 삶을 살지 않고,
항상 새로운 개척지를 향해
남보다 앞서 나아가려 했던
허 선배님의 모습은 요즘의 청년들도
본받아야 할 모습이 아닌가 생각되기도 한다.

내게 창의적 도전정신을 일깨워준
허 선배님의 소식이 궁금하다.

"Try! 시도해 봐야지!"

울진군 기성면 사동리,
동해안을 따라 남북으로 7번 국도가 스쳐 지나간다.
지금은 육중한 콘크리트 다리가 놓여 있지만
내가 그곳에서 군 생활을 하던 시절에는
나지막한 다리가 주변의 민가와 어울리는
정겨운 시골 풍경이었다.
그 다리의 동편 아래쪽에는 민가가 한 채 서 있었다.
울진으로 가려는 사람들은 그 민가에서 기다리다가
멀리에서 차가 오면 다리로 올라가 버스를 탔다.

전령으로 내가 송 중위님과 함께
울진군 근남면 왕피천 가에 있는
연대로 가는 날이었다.

송대영 중위,
내 기억으로 그는
연세대학교 화공학과 출신의

귀공자 타입 ROTC 장교였다.
학번으로는 나보다 한 해 아래였다.

기성면 사동리는 직행버스가 정차하는 곳이 아니다.
우리 군인들이 무수히 직행버스를 향하여
좀 세워달라고 애원하듯 손을 들어봤어도
본체만체 직행버스들은 달려가 버리곤 했다.
직행버스가 정차해서는 안 되는 곳에서 정차하게 되면
벌금을 물게 되기 때문이었다.

송 중위님과 나는 다리 동편에 있는 민가에 서서
울진으로 올라가는 버스를 기다리고 있었다.
민가의 위치는 다리보다 낮은 곳이어서
버스를 타려면 비스듬히 다리로 올라가야 한다.

그때 멀리에서 직행버스가 한 대가 왔다.
송 중위님이 나에게

다리로 올라가서 손을 한 번 들어보라고 했다.
그곳은 직행버스가 서는 곳이 아니기에
손을 들어봐도 세워주지 않는다고 대꾸하며
나는 다리로 올라가지 않았다.
그러자 그가 직접 다리로 뛰어가서 손을 들었다.
직행버스도 사병과 장교를 구분하는가?
그날은 용케도 직행버스가 멈춰 섰다.
그는 나에게 "곽 병장, 빨리 와서 타"하고 외쳤다.
나도 뛰어가서 버스에 올라탔다.
뒤이어 버스에 오르는 나를 보고 송 중위님이 하시는 말,
"Try! 시도를 해 봐야지!"

그렇다.
그동안 무수히 직행버스가 올 때마다 손을 들어봤어도
지금 오는 바로 저 직행버스를 향하여는
내가 손을 들어보지 않은 것이다.
시도하지 않으면 아무것도 얻을 수 없다!

'용기 있는 사람이 미인을 얻는다.'는 속담이
그냥 생긴 게 아니다.

그 후로부터 나는 인생의 고비마다
시도하는 삶을 살게 되었다.
"Try! 시도를 해 봐야지!"라는
송 중위님의 그 소리가
내 귓전에서 울려댔기 때문이다.

"나는 왜 이렇게 수선을 잘할까?"

내가 대학원에 다니던 시절,

대구 칠성 시장 도로변에

점포도 없이 재봉틀 한 대를 두고

옷 수선공이 앉아 있었다.

찢어진 합판에

이런 글을 적어놓고.

"나는 왜 이렇게

수선을 잘할까?"

우리가 무엇을 하든지 간에

그 정도의 자부심을 가져야 한다.

"나는 왜 이렇게 OOO을 잘할까?"

내가 애를 쓴다고

무엇을 항상 잘할 수 있게 되는 것은 아니지만

무엇을 하게 되든지 그 목표는

바로 그 옷 수선공이 제시한 데까지이다.

"나는 왜 이렇게 OOO을 잘할까?"

내 목표는 언제나 거기까지이다.

"선생님, 이 책 한 번 읽어보세요!"

문준호!
그 이름이 가끔은 생각나기도 하고,
가끔은 잊혀지기도 한다.
오래전의 제자이기 때문이다.
환갑을 넘으니
기억력이 예전 같지 않기 때문이다.

그 날 나는 이른 아침에 연구실에 들어와
창문을 열어젖히고
밀대로 바닥을 청소한 다음
맑은 봄기운을 느끼며
책을 읽을까 하고
책상 앞에 앉았다.
앉자마자 누군가 연구실 문을 두드렸다.
'들어오세요!'하고 외쳤더니
제자 문준호가 들어왔다.

그 이른 아침에

준호를 대면하기가 참 조심스러웠다.

준호는 여성스러워서

교우관계가 조금 신경 쓰이는 제자였기 때문이다.

이 이른 아침에 무슨 일로 찾아 왔을까?

혹시 무슨 일이라도 생긴 것일까?'

짧은 시간에 많은 생각을 하고 있던 나에게

준호가 책을 한 권 꺼내 보이며 이렇게 말했다.

"선생님, 이 책 한 번 읽어보세요.

제가 읽어 보니 참 좋아서

선생님도 한 번 읽어 보시라고 가져왔습니다."

내 예상과는 다른 의외의 말이었다.

"그래 준호야! 참 고맙다.

책은 소중한 것이니,

내가 읽고 난 후에 꼭 네게 돌려주마!"

내 제자 준호는
자기가 가진 좋은 것을 남에게 줄 줄 아는 학생이었다.

유홍준 씨가 지은 『나의 문화유산 답사기』,
나는 준호 때문에 그 책을 읽게 되었다.
그리고 책을 다 읽은 후에 준호에게 책을 되돌려 주었다.

세월이 흘러 준호가 부산으로 온 김에 연구실로 들렀다.
준호가 휴대전화 번호를 주었다.
아울러 대전의 어느 교회에서
집사로 열심히 헌신하고 있다는 소식도 주었다.

내가 독일에 갔을 때 휴대전화를 잃어버리는 바람에
아쉽게도 준호의 전화번호도 함께 잃어버렸다.

가끔 나는 나의 선생님 준호가 생각난다.
자기의 소중한 것을 남에게 줄 줄 아는
그런 마음을 가지도록 가르쳐 준
문준호가 생각난다.

후일 한 제자의 도움으로
우리는 다시 만날 수가 있었다.

준호는 그 사이에 이름도 문원준으로 개명하였고,
장로가 되어 열심을 다해
지교회를 섬긴다고 소식을 전해줬다.

내가 대전으로 갔을 때에는
대전과기대로 찾아와 서로 만날 수가 있었다.

"깜짝 놀랐어요"

우리가 잘 아는 속담 중에
'가는 말이 고와야 오는 말이 곱다.'라는 속담이 있다.
그런데 운전대를 잡으면
그 속담은 일단 잊게 된다.
흔히 가해자라도 피해자인 양
일단 큰소리부터 치고 보지 않는가?

내가 초보운전 시절,
겨우 차선을 따라갈 수 있을 때였다.
부산 남천동에서 KBS 방향으로 가고 있었다.
운전 부주의로 2차선으로 가던 내 차가
1차선으로 가던 중형차를 위협하게 되었다.

그 차를 몰던 아저씨가 창문을 내리시더니
"깜짝 놀랐어요!"하고 말했다.
그 말이 나를 얼마나 부끄럽게 하였던지!
나는 "죄송합니다!"를 연발하였다.

당시 나 같은 운전에 통상적 반응이라면
일단 욕부터 세게 내뱉은 다음
'운전을 하지 말라'느니 등 거친 말이 오갔겠지.

"부드러움이 강함을 이긴다(유능제강 柔能制剛)."라는 말이
있다.
성함도 모르는 그 품격 있는 분을 본받아
나도 남의 운전 부주의를 용납해야 하겠거니!
그러나 아직도 수양이 덜 되어 그게 잘 안 된다.
창문을 닫은 채 혼잣말로라도
상대방을 힐난하는 말을 이내 내뱉는다.
어디 그뿐이랴?

한번은 깜빡이를 넣지 않고
다른 차 앞으로 끼어 들어선 적이 있다.
그 차의 운전기사가 몹시 화가 나 있었다.
옆 자리에 앉은 동승자도 마찬가지였다.
아주 젊은 친구들이었다.

그들이 몰고 있는 차의 외장을 보니
이 친구들은 카레이서들이었다.
이들은 화가 단단히 나서
내 차 오른편으로 차를 몰아 나오더니
내 운전태도를 거칠게 나무랬다.
'미안해요!'하고
한마디만 하면 될 것을
젊은이들의 태도가 맘에 들지 않아
"그럴 수도 있지!"하고 말았다.

그들이 나를 혼내 주려고
위협적으로 내 앞으로 끼어들려고 하는 통에
얼마나 혼이 났던지!

"깜짝 놀랐어요"라는 한 마디로
어떤 신사분이 내게 가르쳐 주신
'유능제강(柔能制剛)',
언제나 명심해야 할 말이다.

달력

내 친구 창한이는
달성군 다사면 촌놈이다.

그는 대학을 졸업하고
서울에 있는 모 대학의 행정직원으로 근무하게 되었다.

어느 때부터인가
창한이는 연말이면 내게 달력을 우편으로 보냈다.
그 달력을 받고
내가 고맙다는 인사를 하든 말든 상관없이
연말이면 어김없이 창한이는
그가 근무하는 대학의 달력을
계속 내게 보내주었다.

이제 창한이가 정년퇴임을 했으니
달력을 부쳐줄 사람이 없다.

게다가 근래 들어
달력이 참 귀하다.

이럴 때
내 친구 창한이가 생각난다.

내가 아주 어렸던 시절
대구에 백부님의 친구분이 살고 계셨다.
내 기억으로 그분은 '삼양 피혁점'을 운영하고 계셨다.
백부님은 아주 오래전에 돌아가셔서 내가 얼굴도 모른다.
그런데도 그분은 연말이면
그분의 친구의 동생인 우리 아버지에게
일력을 보내주셨다.
해마다 연말이면 일력을 보내주셨다.

그러고 보니 내 친구 창한이와
백부님의 친구분은 성씨가 같다.

파평 윤씨.

일본 MK 택시 유봉식 회장님,
그는 "지속이 힘이다."라고 하셨다.
무엇을 꾸준히 하는 분들이
이 우주를 받들고 있다는 생각이 든다.

영수증

2013년 그분은 하늘나라로 가셨다.
그분은 인제대학교 총장으로 재임 시에
교수 신우회의 초청강사로 우리 대학에 오셨다.
그날 하신 말씀 중에
그분이 당시 하시는 사업 중의 하나가
굶주리는 북한 어린이를 돕는 일이라고 하셨다.
그분의 말씀이 끝나고
나는 내 지갑에 든 50만 원짜리 수표를 드리며
그 사업에 보태 쓰시라고 했다.

50만 원이라는 돈은
그때에나 지금이나 내게는 큰돈이다.

그런데 이상하지 않은가?
나는 그 수표를
은행에 입금해야 한다고 몇 번이나 생각했었지만
이런저런 일로 바빠서 입금하지 못했던 것이다.

수표가 내 지갑에 들어 있게 된 지
벌써 오랜 시간이 흐른 터였다.
그런데 총장님의 말씀을 듣는 순간
내가 지금까지 입금하지 못한 것은
총장님의 북한 어린이 돕기 사업에 보태라는
하나님의 메시지라고 생각했다.

그로부터 몇 년의 세월이 흘렀다.
총장님께서 내가 다니던 교회에 초청강사로 오셨다.
나는 당시 찬양대에 앉아 있었다.
그때 총장님은 어떤 교수에 대해서 말씀을 하셨는데,
바로 나에 대한 말씀을 하고 계셨다.
교수가 바친 오십만 원짜리 수표가
아주 크게 느껴지셨던 모양이다.
예수님을 위하여 옥합을 깨뜨린 여인의 행위야
복음이 전파되는 곳마다 증거할 만한 일이겠지만,
내가 드린 오십만 원이

총장님을 통하여 증거될 줄이야!
그 사실을 아는 같은 대학에 재직하는 한 장로님이
내 이름을 총장님께 알려드렸다.
그때까지 총장님은
내 이름을 모르고 계셨던 것이다.

그로부터 며칠 뒤에
우편으로 나는 감격스런 영수증 하나를 받았다.

"주 안에서 친애하는 곽 교수님
　무례하게 생각만 늘 하면서 인사를
결하고 오랜 시간이 갔습니다.
　주신 사랑의 헌금은 곧 북한으로
보내는 밀가루로 크게 쓰였고 많은 어린이
들이 주님과 교수님 사랑을 접했을
것입니다.
　늦게나마 영수증 보냅니다.

기념으로 남기시기 바랍니다. 난필로

감사의 뜻 전합니다.

2001. 12. 4.

이윤구"

내가 감격한 것은

드린 헌금에 대한 영수증 때문이 아니다.

감사한 마음을 잊지 않고

몇 년이 흐른 뒤에도

결국에는 감사의 뜻을 전하고야 마는

이윤구 총장님의 따뜻한 마음에

그냥 감격한 것이다.

仁濟大學校
INJE UNIVERSITY

607, Ŏbang-dong, Kimhae
Kyŏngsangnam-do, Korea 621-749
Tel : 82(55)334-7111~20, 82(51)463-1341~2
Fax : 82(55)334-0748

主안에서 親愛하는 郭敎授任;

無禮하게 生覺만을 하면서 人事를 缺하고 그만 時日이 흘렀습니다.

주신 사랑의 獻金으로 北韓으로 보내는 밀가루로 크게 쓰였고 굶은 이들이 主任과 敎授任 사랑을 接했을 것입니다.

늦게나마 缺禮했음을 빕니다. 記念으로 남기시기 바랍니다. 拙筆로 感謝의 뜻 傳합니다.

2001. 12. 4.

李潤求

Seoul Paik Hospital : 85, 2ga Jŏ-dong Jung-gu, Seoul, Korea 100-032 TEL : 82(2)2270-0114 FAX : 82(2)2278-0792
Pusan Paik Hospital : 633-165, Gaegŭmp-dong Pusanjin-gu, Pusan, Korea 614-735 TEL : 82(51)894-3421 FAX : 82(51)893-7233
Sanggye Paik Hospital : 761-1, Sanggye-7dong, Nowon-gu, Seoul, Korea 139-207 TEL : 82(2)938-0100 FAX : 82(2)938-4109
Ilsan Paik Hospital : 2240, Daehwa-dong, Ilsan-gu, Koyang-si, Kyonggi-do, Korea 411-410 TEL : 82(31)910-7114 FAX : 82(31)910-7518

성탄절 전에 오신 예수님

일기예보에 다음날 새벽 서울은
그해 들어 가장 추운 겨울 아침이 될 것이라 했다.
밤늦은 퇴근길에
허기를 때우려 그는 빵집으로 들어갔다.

4,000원짜리 샌드위치를 골라 계산을 하고,
계산대 아가씨의 눈치를 살피며
비좁은 빵집에서 선 채 먹으려 했다.
서서 먹으려는 그의 모습이 안쓰럽게 보였던지
"저희 가게에는 편하게 앉아서
드실 만한 자리가 없어 죄송합니다."라는
아가씨의 말에 그의 허기는 이미 사라졌다.

배고픈 사람의 손은
추운 날씨가 아니어도 떨리는 모양이다.

계산대 모퉁이에 서서

어눌한 손놀림으로
샌드위치를 싼 비닐 포장지를 뜯어내고
두 개의 샌드위치 중 하나를 꺼냈을 때
아가씨는 어느새 하얀 종이냅킨을 얹은 쟁반을 내밀며
그가 계산대 위에 그냥 올려놓았던
남은 하나의 샌드위치를
그 쟁반 위로 옮겨놓았다.
이쯤이 되면 그 누구도 감당하기 힘들어
아가씨의 참한 모습을 한 번 더 바라보게 될 것이다.

샌드위치와 함께 마실 만한 것이 있으려나 하여
좁은 가게의 구석에 놓인 냉장고로 다가가
그는 무얼 마실까 하며 잠시 고민하였다.
딱히 마음에 드는 것도 없던 차에
1천 원 내외의 우유 값 때문에
다시 계산을 해야 한다는 것 자체가 번거롭다는 생각에
그냥 다시 계산대의 모퉁이로 돌아온 순간

그 사이에 따뜻한 커피 한 잔이 쟁반 위에 놓여 있었다.
냉기를 가시게 할 만한 것이
그 가게에는 그것밖에 없다는 듯한 아가씨의 눈짓에서
그는 환하게 미소 짓는 천사를 보았다.

작은 것도 인내하지 못하고
적은 것도 손해 보지 않으려 했던
그의 속된 모습이
천사의 눈빛에서 녹아내렸다.
햇살 속에서 형체도 없이 녹아내리는 흰 눈처럼
그도 녹아내렸다.

성탄절은 내일, 모레인데
벌써 오신 예수님!

* * *

집으로 돌아와 나는
'파리바게트'라는 제목으로
위의 글을 써서 이튿날 아침
그 아가씨에게 전했다.

우리가 남에게 베풀 수 있는 것은 참 많다.
그런데 우리는 그것을
그냥 움켜쥐고 있다는 생각을 해 본다.
파리바게트의 알바생,
그녀는 나의 훌륭한 선생님이 되었다.

양동마을에 사는 내 친구

교장 선생님으로 은퇴한 내 친구는
양동마을에 살고 있다.
은퇴 후의 직업은
선친의 삼년상을 치르는 것이라고 말한
경주 손씨 락선당파 종손이다.

대학교 동기인 이 친구는 언행에 흐트러짐이 없다.
나를 부를 때 '자네'라고 하지, 절대 '너'라고 하지 않는다.
나의 아버지와 어머니의 안부를 물을 때에도
우리가 교과서에서 배웠지만
잘 사용하지 않는
'엄친', '자당'이라고 호칭하지
'아버지', '어머니'라 하지 않는다.
내 아내를 호칭할 때에도 '어부인'이라고 한다.

방학이 되어 한 번은 이 친구와
순천만 국가정원에 놀러 간 적이 있다.

나는 한 장면이라도 더 카메라에 담으려고
분주하게 나대는 데에도,
친구는 한결같이 점잖은 걸음걸이에
곧은 자세로 걸어 다녔다.

아무리 열정을 높이 평가한다 치더라도
당시 환갑이 가까운 나이에도 분주한 나의 모습과
연륜에 맞게 품위를 갖춘 친구의 모습이 대비되었다.

예절이라는 것은 몸에 배어야 한다.
몸에 밴다는 말은 의식이 개입되는 것이 아니다.
그냥 반응하는 것이다.

이 친구를 떠올릴 때면 내 과거가 떠오른다.
어느 해 구정 때였다.
나는 시골 부모님 댁으로 갔다.
부모님께 세배를 드리고,

아울러 동네에 계시는
집안 어른들께도 세배를 드려야 했다.
선친께서 삼종형에게 가서 세배할 때에는
"과세 잘 쇠셨습니까?"라고 하지 말고
"상고 말씀 할 말 없습니다."라고
세배인사를 드리라고 하셨다.
그 전 해에 삼종 숙부가 세상을 떠나셨기 때문에
부모님이 세상을 떠나셨을 경우에는
'과세를 잘 쇠셨습니까?'라는 세배인사는
당치 않다고 하셨다.
그런데 선친의 그 말씀은 이해가 되었지만
젊은 내게 "상고 말씀 할 말 없습니다."라는
고어 투의 인사말이
여간 어색하지 않았다.
신세대가 구세대 어투로 세배를 드린다는 게
영 마음에 내키지 않았다.
'에라 모르겠다'하는 심정으로

그냥 "과세 잘 쇠셨습니까?"하고 세배 인사를 드렸다.
세배가 끝나고 나서 삼종형님은
나를 앉혀 놓고 한참 훈계를 하셨다.
그때 얼마나 후회가 되었든지!
차라리 선친께서 시키는 대로 했더라면
오히려 칭찬을 들었을 텐데.

양동에 사는 손씨 가문의 락선당파 종손 내 친구는
예나 지금이나 한결같은 모습이다.
그 친구에게 예절 바른 언행은
돈과 명예보다 먼저 갖추어야 할
소중한 것들 중의 하나이다.
그게 얼핏 보면 참 외식하는 모습인 것 같기도 하지만
언행과 예절의 외식은 나이가 들수록
사실 더욱 가치가 있는 것이다.
제 맘대로 살다가
어느 날 고치려면 그게 잘 안 된다.

새해에는 내 입에서 나오는 말에 큰 변화를 희망한다.
아무리 다짐해도
몸에 배어 있는 것이 하루아침에 쉽게 바뀌지 않는다.
어린 시절 친구를 만나면
어느새 정겹다며 욕설이 튀어나온다.

내뱉고 나서는
다시금 후회를 거듭하고 있다.

정시호 은사님

은사님은 특별한 취미가 없으신 것 같았다.
방학이 되면 제자들을 붙들어 놓고
은사님의 연구실에서 함께 독일어 원서를 읽어가셨다.
배우는 제자들이야
원서 해독 실력이 크게 향상이 되어 좋았지만
은사님은 귀찮으실 법도 한데,
방학 때마다 그렇게 하셨다.

나도 대학 강단에 서게 되었을 때
은사님의 본을 받아 그렇게 했다.
매주 토요일과 방학 때에
자원하는 학생들과 함께 공부를 했다.
집으로 가는 길에
가끔은 그들의 집까지 승용차로 태워주기도 했다.

은사님은 '인문학자에게는 책이 전부다'라고 말씀하셨다.
그래서 은사님 방에는 책이 많았다.

그것을 읽었느냐 읽지 못했느냐는 중요하지 않았다.
그래서 나도 은사님처럼 책에 대해 욕심을 냈다.
은사님 서가에 꽂힌 책을 복사하기도 하고,
같은 책을 사기도 했다.
은사님은 참 귀한 책도 갖고 계셨다.
은사님의 제자들은 참고문헌을 구하기가 참 편했다.
왜냐하면 은사님의 연구실에는
제자들의 수준에 필요한 대부분의 책들이 있었기 때문이다.
내가 기억하는 것 중에
'독일어 발달사'에 대한 책 한 권이 참 인상적이었다.
동·서독일이 분단된 시절에
유물사관에 따라 동독학자가 쓴 그 책을
어떻게 구하셨을까?

내 서가에는 구입해 놓고도 아직 읽지 않은 책이 많다.
은사님의 가르침에 따라 나도
'인문학자에게는 책이 전부다'라고 생각하고 있기 때문이다.

언어학자이신 은사님의 제자인지라
언어학에 대한 책도 많지만
'프로이트의 정신분석학'에 대한 책이 많고,
독일 '극우주의'에 대한 책도 백여 권이 넘는다.
'68운동'에 대한 책도 제법 꽂혀 있다.
'독일 풍속'에 대한 원서도 많다.
철없는 제자들이 내 연구실에 들어와
"선생님 이 책 다 읽으셨어요?"라고 질문하면
대답하기가 참 난감한 경우도 있지만 말이다.

은사님은 일평생 '언어 내용 연구'와
'어휘장 이론'등에 관심을 가지셨다.
그래서 내 석사학위 논문도
빌헬름 폰 훔볼트에 대한 것이다.
'빌헬름 폰 훔볼트와 노엄 촘스키의 언어사상 비교 연구',
사실 이 논문은 홍승우 교수님의 논문을 크게 참고하였다.
얼핏 보면 표절에 가깝다.

나름대로의 생각을 얘기하고 있다고
변명하고 싶지만 말이다.
아마도 홍승우 교수님이 보시면
'내 논문을 그대로 베꼈구먼'하고
씁쓸하게 생각하실지도 모른다.

이 논문의 학위 논문 심사에서
정시호 은사님은 역정을 내시며 나를 크게 질책하셨다.
은사님의 생각과 내 생각의 차이점은
훔볼트의 '창의성'에 대한 견해 차이였다.
나는 훔볼트의 '창의성'개념에는
낭만주의 시대의 생각이 반영되어 있다고 생각했다.
훔볼트 당시에 유행하던
다소 진화론적인 요소가 들어 있다고 말이다.

내 논문의 글을
은사님은 마구 삭제 및 수정지시를 내리셨다.

나는 그 글을 빼면 내 논문이 아니라고 생각하고
그대로 두었다.
그러면 다음에 읽으시고
다시 수정지시를 내리셨다.
그러시다 지치셨는지,
아니면 바쁘셔서 미처 못 보셨는지 그냥 통과되었다.

그때 나는 이런 생각을 했다.
'박사 학위 논문을 쓸 때에는
은사님이 모르시는 분야를 써야겠다.'

사실은 학문은 지도교수님이 아시는 것을
더욱 발전시켜 가야 하는 것인데도 말이다.
그 후 나는 몬테규 문법을 공부했다.
이론은 어느 정도 터득했으나
이론 속에 등장하는 기호가 문제였다.
논문을 다 써놓아도 기호 교정을 보려면

그게 더 힘들 것 같았다.
결국 나는 촘스키의 지배결속이론으로 전향하여
학위를 받았다.
당시 그 이론을 잘 아셨던 영어영문학과의
박영수 교수님께서 사실상 주심이셨다.

내가 은사님께 참으로 감사를 드리는 것은
제자들이 새로운 학문이론으로 나아가는 것을
은사님은 기뻐하셨다.
은사님이 모르시는 이론에 대한
학위 논문을 써서 제출하는 제자에게
'나는 이것을 지도할 수 없다.'고 책망하시는 것이 아니라,
오히려 크게 기뻐하셨다.
은사님이 가끔 쓰시던 표현을 빌자면
'연구비 신청 시 경쟁자가 한 명 줄었다'고 말씀하시면서.

학위를 받은 이후에
나는 그제서야
은사님이 연구해 오셨던 학문을 뒤 이을 생각으로
부산에서 대구까지 올라가서
은사님이 하시던 공부를 함께 하겠다고 말씀드렸다.
은사님은 그걸 원치 않으셨다.
아마도 내가 은사님이 퇴임하시고 나면
그 자리를 엿본다고 생각하셨는지도 모른다.

학술연구재단의 지원을 받아 내가 헬무트 기퍼의
『언어상대성 원리는 있는가?』(2016, 아카넷)라는 책을
번역하게 된 것은
오로지 은사님 덕분이다.
은사님을 통하여 알게 된 책이고,
은사님과 함께 읽었던 책이기에,
번역하여 은사님께 바치고 싶었던 책이었다.

내가 은사님의 제자라는 것을

은사님은 부끄러워하실 수도 있겠지만,

나는 내가 정시호 은사님의 제자라는 것이 자랑스럽다.

은사님이 하시던 학문을 내게 가르쳐 주셨고,

불손한 생각을 가지고

은사님과 다른 학문의 길로 가고자 했을 때에도

만류하지 않고 격려해주셨기 때문이다.

은사님에 대한 감사한 마음을 늘 마음에 간직하고 있고,

부끄럽지 않은 제자가 되어야겠다고 다짐한다.

거의 찾아뵙지는 못하지만

책과 논문으로

가르침에 보답하겠다는 생각을 늘 가지고 있다.

일미기사식당

부산 부평동 일미기사식당,
이곳을 생각만 해도 나는 기분이 좋다.

24시간 어느 때나
서민이 부담 없이 식사 할 수 있는 곳.
게다가 그곳은 참 평등한 곳이다.
제일 비싼 것을 먹어도 5,000원,
제일 싼 것을 먹으면 3,500원이다.
제일 비싼 것을 먹어도 폼 잡을 일이 없고,
제일 싼 것을 먹어도 기죽을 일도 없다.
먹고 나면 결과는 똑 같다.
모두 배가 부르다.

부산 부평동 길가 요지 상가에서
임대료를 주고도
그렇게 싼 음식값을 받아

남는 것이 있다는 게 참 신기하다.

여러 명의 밥값을 혼자서 감당해도
부담이 없는 곳.
국수를 좋아하는 나는
종종 그곳에서 선지국수를 사 먹는다.
주인의 인심을 함께 먹기에
언제나 배가 부르지 않을 수 없다.

옛날 길 건너편에 있다가
현재의 이곳으로 이사를 했다.
이사 후 개업식을 하는데
당일 식비는 무료였다.
식비 대신에 손님들이 기부금을 내면
그 돈을 어느 불우이웃 단체에 보낸다고 했다.
그날에는 많은 자원봉사자들이 와서 봉사했다.
자원봉사자는 택시 기사분들과 그 부인들이셨다.

언젠가 나도
이런 식당을 경영해 봐야겠다는 생각이 든다.

은퇴 후의 내 꿈은
칼국수 집이든 돼지 국밥 집이든
서민들이 와서 먹는 식당을 경영하는 것이다.

저렴하고, 맛이 있고, 푸짐하고...
그리고 그 수익금으로
불우한 이웃들에게 보탬을 주는 식당 말이다.

최근에 일미기사식당이 다시 이사를 했다.
모든 물가가 다 올랐으니
일미기사식당이라고 별수 있겠나?

시락국밥 4,500원, 선지국밥 5,000원, 소고기 국밥 5,000원,
선지우동 5,000원, 내가 좋아하는 선지국수 5,000원,

비빔밥 5,000원, 냉국수 5,000원, 콩국수 5,000원,

우동 3,500원, 국수 3,500원

그런데 일미기사식당에서 반드시 사먹어야 하는 메뉴가 있다.

오뎅이 한 개 500원이다.

일미기사식당의 오뎅은 맛도 좋다.

“나는 우리 아버지에게 너처럼 그렇게 하지 않았다”

음력으로 1921년 6월 2일생 우리 아버지는
자식들이 보기에도 참 효자이셨다.
할아버지께서는 간경화를 앓으시다가
내가 초등학교 4학년 때에 세상을 떠나셨으니,
할아버지에 대한 아버지의 지극한 병간호를
나는 어렴풋이 기억한다.
할아버지가 세상을 떠나셨을 때에는
닭똥 같은 눈물을 연신 흘리시던 아버지를 기억한다.
삼 년 상을 치르시는 동안 탈상할 때까지
‘골안’이라는 산골짜기에 있는 할아버지의 묘소까지
새벽마다 흰 두루마기를 입으시고
문안하시던 내 아버지를 기억한다.
온 동네 어르신들이 아버지를 효자라고 말씀하셨다.

학교 앞을 가 보신 적이 없는 선친은
어디서 들은 것인지는 몰라도
기회 있을 때마다 내게 교훈적인 얘기를 해 주셨다.

그 중에 하나는 황희 정승에 대한 일화였다.
소위 '삼녀지시비 개시(三女之是非 皆是)'와
유사한 일화인데,
일반적으로 알려진 내용과는 버전이 조금 다르다.
우리 선친의 버전으로 얘기하자면,
'송아지를 낳았으니 제사를 지내지 않아도 되지요?'라고
묻는 아저씨와
'아기를 낳았지만 제사를 지내도 되지요?'라고 묻는
아낙네에 대한 얘기였다.
불효하여 제사를 안 지낼 궁리만을 하는 사람에게는
제사를 지내라고 해봐야 제사를 지내지 않을 것이고,
효심이 가득하여
어떤 상황에서도 제사를 지내려고 하는 자에게는
제사를 지내지 말라고 해도
어떻게든 제사를 지내려고 한다는 얘기이다.
실은 제사에 대한 이야기가 아니라,

사람의 마음에 대한 이야기이다.
학생들을 가르치면서 내가 할 수 있었던 일은
비유컨대 말을 물가로 끌고 오는 일까지만 이었다.
사람의 근본적인 마음을 바꾸기가 어렵다는 말이다.
가르치는 자의 한계를
나는 선친으로부터 이미 배웠다.

누구의 고사인지는 모르나
기둥에 못을 박는 고사에 대해서도 몇 번이나 말씀하셨다.
나쁜 일을 할 때마다 기둥에 못을 하나씩 박고,
착한 일을 할 때마다 기둥에서 못을 하나씩 빼낸다고 해도
결국 나중에 기둥에 못 자국은 남는다는 말씀을 해주셨다.

선친이 시골 5일 장에 소를 팔거나 사러 가실 때에는
때와 거름이 묻은 헌 옷을 입고 가신다는 말씀을 해주셨다.

사람들이 저 허름한 영감쟁이 정도는
마음대로 할 수 있다고 덤비다가,

정작 허름한 옷을 입은 선친에게 골린 것은
그들 말끔한 옷을 입은 양반들이라고 말씀해 주셨다.
사람을 외모로 취하지 말라는
예수님의 가르침에 버금가는 지혜를 말씀해 주셨다.

아무튼 효자이셨던 선친에 대한 기억 때문에
나는 부산으로 내려오자마자
차남이었지만 부모님을 모시게 되었다.
효자이셨던 부모님이 모시는 자식이 없어
시골에 외로이 계셔서는 안 된다고 생각했기 때문이었다.
학생들을 가르치고 교회에 다니는 내가
불효할 수는 없다는 생각에 부모님을 모시게 되었다.
그러나 함께 살다 보니
부모님께 불효한 모습을 보일 때가 많았다.

그때 선친은 내게 이런 말씀을 하셨다.
"나는 우리 아버지에게 너처럼 그렇게 하지 않았다."

셋방살이를 전전하다가

드디어 영도 신선동 달동네 신축 아파트로 이사 갔다.

주변의 많은 사람들이

우리가 영도로 이사하는 것을 만류했다.

그들은 봉래산 할머니 전설까지 들먹였다.

그러나 내 아내가 영도에 있는 학교에 근무하게 되었는데,

제자들이 사는 곳에 함께 살지 못할 이유가 없고,

예수 믿는 사람에게 무슨 전설 따위랴?

몇 년 뒤에 해운대에 신시가지가 조성되자

부모님을 좀 편하게 모시고자

신시가지의 아파트를 청약했다.

1996년 2월이 입주예정이었다.

중도금과 잔금을 치르려면

살고 있는 집을 처분해야 하는데,

부모님께 말씀드렸더니

서로 입을 맞추신 듯,

"우리는 여기 살 터이니 너희들끼리 이사 가라."고 하셨다.
그해 2월 26일부터 입주가 시작되었는데,
어쩌면 부모님께서 넓은 집을 보시면
마음이 달라질지도 모른다는 생각으로
2월 12일 부모님을 모시고 가서
그 아파트를 구경시켜 드렸다.
"좀 더 크네!"그 말씀이 전부일 뿐
이사에 대한 생각은 바꾸지 않으셨다.

결국 우리는 새 아파트로 이사하지 못했다.
불효자가 효자이신 부모님 말씀에 순종해
이사를 가지 못한 것이었다.
부모님께서 저렇게 반대하실 때에는
어쩌면 하나님의 뜻이 함께 하는 것이라고 생각했다.
당시 아내와 나는 중도금과 잔금을 치르느라
많은 고생을 했다.
1997년 우리나라가 IMF로부터 구제금융을 받았다.

그로 인하여 빌린 돈의 이자율도 많이 높아졌다.
그래서 우리는 복에도 없는 아파트를
두 채나 소유하게 되었다.

불효한 자식 생각에는
만일 할아버지이셨더라도
부모님처럼 말씀하셨을까 하는 생각만 들었다.
선친은 양력으로 2007년 7월 7일에
우리 나이로 여든일곱에 하늘나라로 가셨다.
마흔아홉 평 아파트를 마다하고,
서른세 평 아파트에서 사시다 하늘나라로 가셨고,
1930년 생, 올해 우리 나이로 아흔 살 어머니는
여전히 우리와 함께
서른세 평 달동네 아파트에 살고 계신다.

모든 일에는 하나님의 뜻이 있다고 믿고 있기에
왜 부모님께서 더 넓은 새 아파트로

이사를 하지 않겠다고 하셨는지
나는 지금도 하나님께 가끔 물어보고 있다.
하나님은 아직 답이 없으시다.

산 중턱에 있는 아파트를 오르내리느라
다리가 튼튼해진 것 말고는 아직 다른 답을 찾지 못했다.
밝은 햇살 누리며 푸른 남항바다를 조망한 일 말고는
아직 다른 답을 찾지 못했다.
어려운 살림살이에 힘겨운 삶을 살아가는 내 이웃들과
더불어 살아가고 있다는 것 말고는
아직 답을 찾지 못했다.
어쩌면 그것이 하나님의 뜻일지도 모른다는 생각을 하면서
신선동 달동네 낡은 아파트를
지금도 오르내리고 있다.

내 친구 팔선이, 내 아내 정선이

어쩌다
못난 총각의 꾐에 빠져
불알만 차고 온 그와
결혼하게 된 정선이,
일남 팔녀의 맨 끝둥이라
어릴 땐 그냥 팔선이라 불렸다지요.

아이들이 집에 들어오기 전에는
절대로 잠을 자지 않는 엄마,
아이들에게 화 한번 제대로
내보지 못한 엄마.
그럼에도 불구하고 아이들은
엄마 앞에서는 순한 양 같다지요.

큰 아들이 고등학교 3학년 때
주일 아침 금식을 시작하더니
지금까지 주일 아침에는 어김없이 금식한다지요.

무슨 기도의 제목 때문이 아니라
마치 하나님에 대한 약속인 것처럼.

시누이 잔소리에
무던히도 속울음을 삼켰는데
시누이가 암 투병하실 때에
직장에서 돌아와 병간호하고,
병상 옆에서 찬양하고 기도할 때
시누이가 천국으로 가셨다지요.

임마누엘 찬양대원으로
모든 찬양곡을 외워서 부르는
하나님의 딸 김정선 권사는
찬양곡을 외우며 세수하고,
찬양곡을 외우며 화장하고,
찬양곡을 외우다 잠들기도 한다지요.

시동생 뒷바라지에
시부모 봉양에
경상도 버럭 남자 비위 맞추느라
30대에 일찍이 머리카락이 희게 쉬어버린
내 아내 정선이는
39년 6개월 동안 교사로 봉직하다
2018년 여름에 정년퇴직했다지요.

시어머니로부터 들은 구박과 잔소리를 생각하면
꼴을 보기도 싫을텐데도
시어머니가 좋아하시는 국을 끓이느라
좋아하시는 과일과 떡을 사드리느라
머리카락이 많이 빠진다지요.

시부모 때문에 넓은 집으로 이사를 못 가고
낡은 아파트에 사느라
마음고생이 무척 심하다지요.

그래서 간절한 소원이 새 아파트로 이사 가는 거라지요.

그리하여 정선이에겐
무능한 남편의 흉이 그리 많이 보인다지요.

이런 정선이의 괴로움을 알기에
병휴가 세상 떠나는 날
미안해할 유일한 사람이 정선이라지요!

경상도 남자 병휴는
정선이에게 이런 말만 한다지요.
"그래도 내가 당신을 사랑한다는 건 알제?"

아 무엇보다 정선이는
남의 흉을 볼 줄 몰라
병휴의 선생님이 되었다지요.

2019년 어머니가 세상을
떠날 때까지 계산한다면
35년을 시부모를 모신 효부

월요일이면
어김없이 호스피스 자원봉사에 나서는 천사

놀랍게도
하나님께서는
추운 겨울날에도 그날 만은
정선이의 손을 따뜻하게 해 주셔서
임종을 앞둔 그분들이
정선이의 따뜻한 손에
다들 고마워 한다지요.

“남자는 이마를 드러내야 해요”

별 것 아닌 것 같지만
이발하는 것도 일이다.
머리카락을 잘 손질하여
보기 좋게 만들어주는
이용소나 미용소를 만나기가 쉽지 않다.
같은 곳에 가더라도 이·미용사가 바뀌면
헤어스타일은 당연히 달라진다.
여자들에게만 그런 것 같지만
남자들에게도 머리카락 손질은 신경 쓰이는 일이다.

한 번은 평소와 다른 이용소에 가게 되었다.
어쩌다 거기까지 가게 되었는지 모르겠으나
내 기억으로는 부산 중앙동 백산기념관 근처인 것 같다.
당시에 나는 머리카락이 이마 앞을 가리도록 하고 다녔다.
이용사 아저씨는 나보다 연세가 많으신 분이셨는데,
머리카락이 이마를 가린 내 모습을 보시더니

"남자는 이마를 드러내야 해요.
이 정도면 잘 생긴 이마이니, 이마를 드러내고 다니세요."
하고 말씀하셨다.

"남자는 이마를 드러내야 해요."
이 말만으로도 용기를 가질 법 한데,
"이 정도면 잘 생긴 이마"라고
덕담까지 해주시니,
당연히 그럼 그렇게 머리카락을 손질해 달라고 할 수밖에.

그런데 "남자는 이마를 드러내야 해요."라고 하는 이 말이
왜 내게는 "사람은 자기 모습을
부끄럽게 생각해서는 안돼요."라는 말로 들렸을까?
내 이마가, 혹은 내 얼굴의 무엇이
내 생각에나 혹은 남들이 보기에도
좀 못 생겨 보일지언정
하나님의 형상대로 지음 받은 우리는 당당해야 한다.

이건 얼굴의 문제만은 아닐지도 모른다.
우리의 형편과 처지가
남들보다 좀 부족해 보일지라도
우리는 당당할 필요가 있다.

남자는 이마를 드러내야 한다.
사람은 이마를 드러내야 한다.
사람은 자기 모습에 당당해야 한다.
어떤 심리치료사의 말이
그 이용사 아저씨의 한 마디를 능가할 수 있겠는가?
그는 멋진 나의 선생님이 되셨다.

글래디에이터

'글래디에이터'는 2000년도에 상영된
로마시대를 배경으로 한 러셀 크로우 주연의 영화이다.
황제 마르쿠스 아우렐리우스는
그의 아들 코모두스에게 왕위를 물려주지 않고
막시무스 장군에게 왕위를 물려주려다
그것에 질투와 분노를 느낀 아들에 의해 살해되고,
막시무스 장군은 노예로 전락하여
투기장의 검투사가 되었다가
결국 코모두스에게 복수를 하게 되는 줄거리이다.

나는 이 영화가 상영될 당시 극장에서 관람하였다.
그 후 우연히 텔레비전에서
다시 이 영화를 보다가 한 장면에서 내가 깨어졌다.
그 장면은 바로 아들 코모두스가
아버지 마르쿠스 아우렐리우스를 살해하는 장면이다.

황제가 막시무스 장군을 총애하여 왕위를 물려주려 하자
아들이 아버지를 살해하려고 와서
아버지를 원망하자
황제 마르쿠스 아우렐리우스가 한 말 때문이다.

"네가 자식답지 못한 것은 이 아비가 부족한 탓이었어!"
"안아다오"

그러나 아들은
"날 미워하신 은혜의 대가로
세상을 피로 짓밟고 말겠어요."
라고 말하며 황제를 살해한다.

세상에는 훌륭하신 부모님도 참 많지만
자식이 부모님에 비해 못난 것처럼 보여
자식에게 상처를 주는 부모님도 가끔 있다.
어쩌면 나도 두 아들을 키우면서

그런 상처를 준 적이 있었던 것 같아
영화의 그 대목에서 크게 회개하였다.

자식의 못난 것처럼 보이는 부분이 있다면
그것이 모두 부모의 부족함 때문이라고 생각하면
자식을 바라보는 시선이 달라진다.
어른들의 눈에는 부족한 것처럼 보여도
자녀들은 단지 그런 모습을 보이며
성장해 가고 있는 것이다.

아무튼 그때부터 나는
자식의 부족한 듯한 모습을 볼 때마다
내 자신을 돌아보기 시작했다.

그런데 이런 내 모습은 그래도 소극적이다.
내 아내는 두 자녀를 바라보면
각기 그렇게도 기특한 점이 많이 보인다고 한다.

아우크스부르크의 푸거라이

나는 독일 바이에른 주에 있는
아우크스부르크 시를 좋아한다.
1555년 9월 25일의 아우크스부르크 화의나
신·구교가 붙어 있는 울리히 교회(Ulrichskirche),
그리고 1999년 10월 31일의
로마교황청과 루터파와의 만남 때문만이 아니다.

거기에 가면 '푸거라이(Fuggerei)'라고 하는 곳이 있다.
나는 '푸거라이'를 '푸거 마을'로 번역한다.
그곳은 1521년 8월 23일 야콥 푸거가 세운
빈민층을 위한 주거시설이다.
이 층으로 된 연립주택인데,
140 가정 정도가 살 수 있는 공간이다.

그 푸거 마을의 입주조건은
아우크스부르크 시에 거주하는
품행이 방정한 가톨릭 교인이다.

연간 임대료는 현재 0.88유로.
그리고 입주자는 매일
푸거 가를 위해서 기도할 의무가 있다.
물론 전기세와 수도세 등은 자신들이 내야 한다.
연간 임대료가 0.88유로라면 공짜라는 말이다.
그럼에도 불구하고 그 임대료를 받는 것은
세입자의 자존심을 위한 배려라고 한다.

그 마을을 방문한 후에
'나도 이런 시설을 지을 수 있다면 얼마나 좋을까?'하는
생각을 했다.
현실적으로는 꿈같은 얘기이다.
사업가가 아닌 교수의 신분이기 때문이다.

그러다 어느 날 문득 이런 생각을 했다.
은광업자였던 부자 푸거처럼
140 가구가 살만한 집은 짓지 못해도

죽기 전에 서민 아파트 한 채 정도는
가난한 사람을 위해서 내놓을 수도 있지 않을까?
그리고 두 아들이 열심히 살아서
각기 한 채씩 내어놓고,
그러다 보면 세월이 흐른 후에
우리 가문이 희사한 아파트에
가난한 사람들이 보금자리를 가질 수도 있으려느니...

이런 일이 실현되려면
일단 내 자식들이 밥을 먹고 살아야 한다.
제 자식이 굶는 처지에서
남을 도울 수는 없지 않을까?

푸거 마을에 자극받아
푸거 마을보다는 좀 작은 꿈일 수도 있는
장학재단 설립에 대한 꿈을 꿔봤다.

내가 아내에게 지어준 호를 따서
"설영(雪影) 장학재단"이라고 이름까지 지어놓았다.
나는 책을 써서 그 인세로
장학재단을 설립하려는 거창한 꿈을 꾸었다.
그런데 문필력이 뛰어난 베스트셀러 작가가 아니고서는
척박한 출판환경에서 대부분 초판 인세 수입이 끝이었다.

꿈을 꾸는 것은 자유이다.
그래도 거창하게 장학재단 이름까지 지어놓고
아무 일도 하지 않는 것은 염치없는 일이다.

그런데 어느 날 하나님께서 지혜를 주셨다.
쪼개기 장학금!
연구비를 타거나 인세를 받을 때에
가난한 제자들을 위해서 얼마가 되든지 간에
장학금을 주는 것이다.
내가 생각해도 지혜로운 생각이었다.

아직 많은 금액의 장학금을 주지는 못했지만
그래도 적은 금액이나마 장학금을 주고 있으니
하나님께 죄송한 생각이 덜 든다.

2008년부터 100만 원씩, 때로는 50만 원씩
어려운 형편의 제자들을 위해서 장학금을 주고 있다.
부끄러운 얘기이지만
연말정산 시에 소득공제 혜택을 보기 위해
'설영 장학재단'의 이름으로
학교로 장학금을 입금시킨다.
그러면 학생들이 학교로부터 장학금을 타간다.
그들 중에는 어려운 형편의 학생들이 대부분이지만,
엄살 부린 노회한 학생들이 끼어있을 수도 있다.

한국연구재단의 CK사업단을 운영하면서
해외탐방팀에 선정되었지만
집안 형편 때문에 가지 못하는

한 여학생이 있음을 뒤늦게 알게 되었다.

그 학생의 형편을 생각하면 내 마음이 아팠다.
제자를 상담하면서 사실을 확인한 이후에
즉시 제자 이름으로 된 통장에 100만 원을 입금하고,
부모님으로부터 여행 허락을 받아내게 했다.
내 방법이 적중했다.

한 번 생각해 보라.
그 제자가 해외 탐방에 합류하지 못했더라면
일평생 가슴에 가난의 못을 박고 살았을 것이다.
알고 보면 그 못이
제자의 가슴에만 박혀 있는 것이 아니다.
우리 모두의 가슴에 못이 박혀 있을 게다.

며칠 뒤에 어떻게 마련하셨는지
그 제자의 어머님이 돈을 100만 원 보내주셨다.

나는 그 돈을 받지 않고 다시 돌려보냈다.
어머니의 놀랍고 감사한 정성만 받았다.
선한 생각을 꿈꾸게 하고,
작게나마 그것을 실행하게 하신 하나님께 감사드린다.

어떻게 얘기를 하다 보니 내 자랑을 하려는 것만 같다.
그러나 그게 목적이 아님을 독자들이 잘 아시리라.
능력 있는 기업가들이 애써서 번 돈을
가난한 사람들을 위하여 해마다 수십억 원씩 내어놓고,
1억원 이상 기부를 한 아너소사이어티 회원이
2024년 5월 31일 기준으로 3321명이라고 한다.
적은 금액의 장학금으로
남의 비웃음만 사지 않으면 다행이리라.

내가 하고 싶은 얘기는,
큰돈을 가진 사람만 장학금을 줄 수 있는 게 아니라는 것.

가난한 사람들을 위하여
은광업자만 아파트를 내어놓을 수 있는 것이 아니라는 것.
우리가 서로 보듬고 살아야 한다는 것.

내가 야콥 푸거를 나의 선생님으로 모시게 되어
내 통장에서 돈이 좀 빠져나가더라도
하나님이 주시는 큰 평화가 내 속에 있다는 것.

예수님 말씀을 한마디로 요약하자면
그건 이웃 사랑이라는 것.
그리고 그게 곧 예수님 사랑, 하나님 사랑이라는 것.

유달산 식당

해남 대흥사로 가면
넓은 주차장이 있는 곳,
거기에 상가촌이 있다.

30년 전에 제자들과 함께 우연히 들른 유달산 식당,
그곳의 양파 김치는
내 입맛에 딱 맞는 남도 음식이었다.

땅끝교회(옛 영도중앙교회) 청년부 부장 시절
청년들과 함께 들르고,
그 후에는 또 아들과 함께 들르고.

어느 해인가 오월이 되어
유달산 식당에 양파 김치를 주문했다.
당시 서울에 살았던 아들과
부산의 우리 집으로
각기 5킬로그램씩 택배주문을 했다.

송금을 하려고
계좌번호를 여쭈었더니
아주머니께서는 물건을 받은 후에 돈을 송금하라고 하셨다.
나를 어떻게 믿고 그렇게 하시냐며
계좌번호를 거듭 여쭈어도
택배 물건 속에 계좌번호를 넣어서 보내겠다는
아주머니의 생각은 바뀌지 않았다.

토박이 호남 분이
토박이 영남 사람에게 물건을 팔면서
물건을 받아 본 후에
돈을 보내 달라는
넉넉한 믿음.

몇 년 전에 나는
아내와 함께 다시 해남 대흥사 유달산 식당으로 갔다.
한여름이라

양파 김치는 맛볼 수 없었지만
유달산 식당 아주머니의
손맛이 살아 있는 요리 솜씨는 여전했다.

마침 식당 앞 주차장에
수박 파는 트럭이 와 있기에
나는 큰 수박 한 덩어리를 사서
아주머니께 드렸다.

장춘자 아주머니는 영문을 몰라 하셨지만
내게는 나의 선생님께 드리는 작은 선물이었다.

영남 사람 믿어준
호남 아주머니의 넉넉한 마음 품에 감사드리면서,
믿고 사는 세상이 아름답다는 걸 가르쳐주심에
너무도 감사해서 말이다.

"믿음은 인내야!"

모든 것이
하나님의 계획 아래에서
이루어지는 것이라면,
참 부끄럽지만
한 성도가 교회를
옮겨 다니는 것도 그러한가?

이전 교회에서 있었던 일이다.
시험이 들어
교회를 옮기는 문제를 두고
약 일 년 정도
매주 월요일 밤마다
하나님의 응답을 구하며
예배당에서 기도하였다.

이런 소식을 듣고서
나를 사랑하는 한 권사님이

어느 날 차량부 사무실에서
내게 이런 말씀을 하셨다.

“믿음이 열심인 줄 알제?
천만에, 믿음은 인내야!”

어디 믿음에서 만의 문제이랴?
고민과 갈등으로 점철된
인생의 고비마다
열심보다 더 중요한 것은
진실로 인내일지도 모른다.

권사님께서
대표기도 하실 때
쩌렁쩌렁 울리던
그 목소리로
“믿음은 인내야!”라고

지금도 내 귓전에서
크게 울리고 있다.

여성답지 않은 체구에
맷집 좋게 생기신
김맹임 권사님!

늦었지만,
권사님 말씀을
이제부터라도
명심하겠습니다.

하나님께서 도와주시면 우리는 뭐든지 할 수 있습니다!

대구 남문시장 맞은 편에 위치한
대구 남부교회.
대구 향교와 그리고 경북여고와 가까운
중앙대로변의 교회이다.

당시 시무 장로님 중에 박중렬 장로님이 계셨다.
장로님은 나에게
고등부 교사로 수고해 달라고 부탁하셨다.
그래서 내가 "저는 못합니다".
하고 거절했더니

박중렬 장로님께서 이렇게 설득하셨다.
"우리는 아무것도 할 수 없습니다.
그러나 하나님께서 도와주시면 뭐든지 할 수 있습니다."
사실 나는 당시에 성경말씀 속의 인물인 아브라함과 롯이
어떤 관계인지도 모르던 시절이었다.

고등학교는 미션스쿨인 대구 계성고등학교를 졸업했지만
1학년 때 대구 제이교회에 출석하다가
나중에는 친구 따라 비산동에 있는
어떤 교회에 다니다
목사님 주례로 결혼하려면
최소한 학습이라도 받아야 한다기에
1982년 11월 7일
대구 태평교회에서 유광혁 목사님의 집례로
학습을 받고
세례는 결혼을 하고 나서
1983년 5월 22일에
신현진 목사님의 집례로 늦게 받았기 때문이다.
그러니 성경 말씀에 대해서 문외한이었지만
"하나님께서 도와주시면 뭐든지 할 수 있다"는
박중렬 장로님의 말씀을 나는 외면할 수가 없어서
결국 고등부 교사를 수락하고 말았다.
부끄러운 얘기이지만

제자들이 나보다
성경에 대한 지식도 믿음도 더 나았다.

황송하게도 장로님 덕분에
교사를 그만두게 되었을 때
교회로부터 다음과 같은 내용의 감사패까지 받게 되었다.

"귀하는 본 교회 주일학교 고등부 교사로서 재직 시
불굴의 투지로 사명감을 충실히 감당함을 감사하여
그 뜻을 이 패에 새겨 드립니다.

사랑하는 자여 네 영혼이 잘됨같이
네가 범사에 잘 되고
강건하기를 내가 간구하노라 (요한 3서 1~3절) "

1987년 3월 15일

대한예수교 장로회 남부교회 고등부

오골계탕

여러분들이 받아 보신 선물 중에서
참 감동적인 선물이
어떤 것이 있었나요?

내가 부산산업대학교(현 경성대학교)에
부임한 해인 1987년으로 기억한다

한 여학생이
그 당시에 유행한 큰 스텐으로 된 그릇을
보자기에 싸서 들고 와 내 앞으로 내밀었다.

뭐냐고 물었더니
오골계탕이라고 하였다.

그 제자의 집에서 오골계를 길렀는데,
그것을 잡아서 오골계탕을 끓여온 것이었다.
집에서 오골계를 키운다면 오골계탕을

끓이는 것까지는
누구나 할 수 있는 일일 수도 있다

그러나 오골계탕이 든
그 무거운 스텐 그릇을 들고
버스를 타고 와서 교수님에게 전하는 일은
아무나 할 수가 있는 일이 아닌 것 같다

다른 한 분의 교수님과
점심 식사하러 자주 들렀던
대연맨션의 한 식당으로 가서
부탁을 드려서 데워서 함께 먹었다.

85학번 이미리라는 학생은
아무나 할 수 없는 일을 한 것이다.
그리고 그것을 통하여
우리 사이가 더욱 가까워진 것도 사실이다.

미리가 졸업을 한 이후에도
스승의 날이 지나도
미리로부터 전화를 받지 못하면
내가 먼저 전화하여
왜 스승의 날이 지났는데 전화도 한 통 없느냐고
말할 정도였다.

오골계와 더불어
그 안에 들어 있던
인삼과 밤과 대추가
우리의 가슴까지 따뜻하게 데운 것은
두말하면 잔소리이다.

지금 그 내용을 기억할 수는 없지만
당시 나는 감사의 편지를 시로 적어서
부모님께 갖다 드려라고 한 적이 있다.

고가의 선물이어서가 아니라

예상치 못한 수고와 정성이

남을 크게 감동시킬 수 있다는 것을

미리가 전해 준

오골계탕을 통해 깨달았다.

지금도 그때의 일을 떠올려보면

나의 선생님, 미리에게 감사하지 않을 수가 없다.

김문평 집사님

1997년이었다.

그 해는

우리나라가 경제 위기로

IMF(국제통화기금)로부터

구제 금융을 지원받은 해였다.

당시 내가 다녔던 교회의

모 집사님께서

당시

주식 투자로 엄청난 손실을

입었을 뿐만 아니라

소위 깡통계좌로

가계에 큰 위기를 겪고 있었다.

그분은 부산 시내 모 고등학교의 교사였는데

자칫 잘못하면 부채 때문에

학교에서도 곤란한 처지에 놓일 지경이었다.

내가 그 집사님을 도우려는 마음에서
어느 날 교회 근처 포항물회집에서
그 집사님을 만나 상담을 했다.

자존심이 얼마나 상하셨겠나?
왜냐하면 동년배인 내가
그 집사님의 부채 상황과
재산 상황을 캐물었기 때문이다.
당시 나는 그 집사님께 부채 상황과
재산 상황을 정확히 말씀해 주셔야
도와드릴 수가 있다고 말씀드렸다.

결과 3,000만 원만 모은다면 그 집사님을
도울 수 있을 것 같았다.
옆에서 잠을 자고 있던 아내를 깨워
내 소꼽 친구들의 이름을 거명하며
내 친구들이 그 집사님을 도와주실까를 물어봤더니

일언지하에 안될 것이라고 했다.
결국 교회 집사님들께 부탁드릴 수밖에 없었다.

그런데 며칠 후
참 희한한 일이 일어났다.
연구실에서 창문을 열어 젖히고
청소를 하고 있는데
당시 남전도회 회장을 맡고 계셨던
김문평 집사님께서 전화를 하셨다.

"오늘 직장 심방을 가려고 합니다."
그래서 내가 집사님의 말씀을 얼른 되받아 "그렇지 않아도
의논할 것도 있는데 점심은 제가 사겠습니다"
회장 집사님께서 총무 집사님을 대동하고 연구실로 오셨다.
집사님들이 오시기 전에
나는 부채로 어려움을 겪고 계셨던
그 집사님의 부채 상황과 재산 상황 목록 세 부를
컴퓨터에서 출력해 놓았다.

집사님께서 오시자마자
집사님들 앞에 그것을 내밀며
그 집사님을 한 번 돕자고 말씀드렸다.

김문평 집사님은 나의 제안에
동의를 하셨지만
다른 방법을 내놓으셨다.

돈을 모금한다는 것은 어려우니
카드로 대출을 받은 돈에 대한 이자를
당분간 김문평 집사님께서 갚아주시고
나중에 부채가 있는 그 집사님이 살고 계시는
아파트가 팔리면 그것으로 정리하면 된다고 하셨다.

당연히 나도 뭔가를 기여를 해야했다.
1월 정근수당 보너스 월급을
고스란히 부채가 있는 집사님께 드렸다.

그리고 또 다른 사업을 하시는
집사님께서 얼마를 돕고 하셔서
위기를 넘겼다.

당시 김문평 집사님께서
그 집사님을 위해 부담하신 돈이
1800만 원 정도 되었다고 한다.

그래도 감사한 것은
부채가 있었던 그 집사님께서 정년 퇴임을 하시면서
그 돈을 갚으셨다고 한다.

그것만이 아니다
김문평 집사님은 교회에서
어려운 이웃을 위한 무료급식을 시행하자고 하셔서
일부 반대가 있었지만 결국 관철시켰다.
국가가 경제적으로 어려운 시기에

3년 반 동안 무료급식을 위한 비용을
김문평 집사님께서 홀로 부담하셨다.

교회 내에서 어려움에 처한 한 집사님을
돕게 되었지만 결국 내가 김문평 집사님께
부채를 진 것이나 다름없었다.
그래서 교회 내에서 언제나 집사님의 편에 설 수밖에 없었다.

그리고 그 인연으로
지금도 가끔씩 서로 연락하여 식사를 한다.
사업을 하시니 밥값은 언제나 김 집사님께서 부담하신다.

목포가 고향이신 김문평 집사님은
이런저런 분들이 사업에서 어려움이 있으실 때
그 재정보증도 서 주시기도 하셨다.

김문평 집사님의
그 너그러운 마음을 닮고 싶다.

엄마의 따뜻한 손이 좋아요

승근이의 엄마는
심폐 소생술 자격증을 딴다고
여념이 없던 날,

교육받는 방의 한 모퉁이에서
나는 여섯 살 승근이의 친구가 되었다.

내 품에서 빠져 나가려는
승근이를 붙들고
나는 짓궂게 이런 질문을 던졌다.

"승근아, 넌 엄마의 어떤 점이 좋은데?"
그런데 뜻밖에 승근이의 대답이 나에게 어퍼컷 한 방을 먹였다.

"엄마의 따뜻한 손이 좋아요"

그 후로 며칠이 지나도
승근이를 감동시킨 "엄마의 따뜻한 손"이 내 머리를
떠나지 않았다.

나의 아내와, 나의 두 아들, 그리고 늙으신 어머님께
도대체 나의 손은 어떤 손일까?
식구들 중 아무도 나를 '따뜻한 손'으로
기억하는 이가 없는 걸 보면
나는 '따뜻한 손'을 갖고 있지 않은 게 분명하다.

나의 많은 친구들과 직장 동료들,
그들 중 아무도 나를 '따뜻한 손'으로
기억하는 것 같지는 않다.

주일마다 교회에 가면 반갑게
서로 인사를 나눌 성도님들이 계시지만
그들 중 아무도 나를 '따뜻한 손'으로
기억하고 있는 것 같지는 않다.

십여 년 전 부활절 새벽,
아헨 근처 한 시골 마을의 독일인 목사님은
우리의 손이 예수님을 십자가에 못을 박는
손이 될 수도 있다고 하시며,

우리들의 손이 어떤 손이 되길
기원하는지를 적어 내라고 하셨다.
그때 나는 내 이웃을 향하여 베푸는
내 손을 더 크게 해 달라고 기도한 적이 있다.

아, 그런데 승근이를 통하여
깨달은 새로운 사실은
사람들은 어쩌면 '큰 손'보다는
'따뜻한 손'을 기억할지도 모른다는 것이다.

(2012.07.12)

아버지가 대단하시네요

나는 1969년 2월에 초등학교를 졸업했다.
그후 그 친구와 나는 서로 얼굴을 마주한 적이 없다.
적어도 내 기억에는 그렇다.

초등학교 친구들 단톡방에서
우리는 가끔 문자 메시지로 안부를 전했다.
인도네시아로 놀러 가자며
친구들을 꼬드기기도 했다.

다른 친구들은 이미 한두 번 자카르타를 들락거렸는데
나는 아직 그렇게 하지 못했다.
그러고 보면 단톡에서조차
그 친구의 모습을 본 적도 없다.
옛날 키가 크고 호리호리했던
친구 모습으로 기억하고 있었다.

내 기억에 초등학교 시절
그 친구의 도시락 반찬을 나눠 먹은 적이 있다.
과메기를 생선조림으로 해 왔었는데,
아주 맛있게 얻어먹은 적이 있다.
그래서인지 그 친구에 대한 기억은 언제나 좋다.

우리 교회 청년부가
인도네시아 자카르타로 선교여행을 간다길래
내 마음도 설렜다.
그러나 학부장을 맡고 있어서
나는 함께 할 수가 없었다.
다만 사탕 한 박스에 내 마음을 실어 보냈다.
친구에게 문자를 보냈다.

우리 교회 청년들이 그곳으로 가니,
내 체면을 봐서라도 밥을 한끼 대접하라고 부탁했다.
사실 조심스런 부탁이었다.

이미 말한 바와 같이
우리는 초등학교 이후로 만난 적이 없기 때문이다.
내 맘 같으면 그 정도는 할 수 있으련만,
친구의 형편과 사정도 알지 못하면서,
경제적 부담을 주는 부탁을 대뜸 한 것이다.

그런데 친구는 내 맘을 참 편안하게 해 주었다.
"목사님 연락 오면 잘 모실께"
그게 그 친구의 대답이었다.

그리고 2019년 7월 5일 오늘,
그 친구는 내 믿음에 부응하였다.
나는 내게 이런 친구가 있어서 참 좋다.
50년 동안 얼굴을 서로 보지 못했건만,

어려운 부탁에도
청년 선교팀에 밥 한 끼를 대접한 친구.

청년부를 인솔하셨던
박대성 목사님의 휴대폰으로
보내온 친구의 모습은
노숙한 중년의 모습이다.
나는 당시 전세를 주고 있었던 집을
리모델링하려고 한샘에 가서 상담을 하고 있었다.
그런데 부탁한 친구인 나의 변한 얼굴도 모를 것 같아

아내에게 즉석으로 사진을 찍어달라고 해서
청년부 담당 박대성 목사님 카톡으로 보내고,
친구들 단톡으로 보냈다.

김혁기, 넌 참 좋은 친구이다.
그리고 틀림없이 제수씨도 참 좋으신 분이시구나.
그런데 후일
나는 아들에게 자랑스런 내 친구를 소개했다.

그랬더니 아들 왈 "아버지가 대단하시네요"
무슨 뜻인가 듣고 보니
보통 사람들은 그런 경우에
부탁하는 처지가 아닌데 부탁했으니
"아버지가 염치가 없다"는 말이었다.

김혁기,
그 친구의 장남이 결혼하는 날이었다.
예식장에 온 옛 친구들과 함께 식사하는 자리에서
그 얘기를 했더니 한 친구가 이렇게 말했다.
밥값이 문제가 아니라
자카르타까지 오가는 길이 문제라는 것이었다.

친구가 사는 곳으로부터 3시간을 가서
3시간을 돌아와야 하는 거리.
50년 만의 친구의 부탁을 배반하지 않는 친구의 삶,

내 친구 김혁기는 나의 멋진 선생님이 되었다.

“자기가 가진 것으로 베풀며 살아라”

2022년 10월 13일부터

정년퇴임 후 나의 새로운 인생이 시작되었다.

요양보호사 교육을 받게 되었다.

만 66세의 나이이니

어떤 이는 “요양보호를 받아야 할 나이에 요양보호사가 되려 한다”고 놀렸고,

어떤 이는 고급 인력이 방치되고 있다며

안타까워하기도 했다.

아무튼 주변의 많은 이들은

나의 새로운 길에 놀라움을 보였다.

그런데 지금 나는 나의 얘기를 하려는 것이 아니다.

그해

10월 19일은 음력으로 9월 24일이었다.

내 생일이었다.

요양 보호사 교육을 받으러 나서는 나에게

아내가 이렇게 말했다.

"오늘은 생일이니 도시락 사가지 말고
밥을 사먹으면 좋겠어"
(아내와 나는 대학 동기여서 서로 말을 낮춘다)

나는 내 앞과 옆,
그리고 뒷좌석의 한 분을 포함하여
네 분을 식사에 초대했다.

학원과 비교적 가까운 거리에 있는 "원조 짜장"이라는
중국집으로 갔다.
탕수육, 유산슬, 그리고 짬뽕 곱빼기 하나를 주문했다.
탕수육은 먹을만 했는데,
왠지 유산슬은 평소에 먹은 것과는 달랐다.

밥을 먹고 난 후 우리는 요양보호사 학원으로 걸어오고
1950년생 강기순 아주머니는
할아버지 식사를 챙겨주신다며 댁으로 가셨다.

환갑 나이에 암투병 하시다 돌아가신 내 누님이 1951년 생이니
강기순 아주머니는 누님뻘이다.

그런데
강기순 아주머니가 학원으로 오셨을 때
내게 참기름 한 병과 깨소금을 가져다주셨다.

사실 우리는 살아가면서 서로 무엇을 주고받을 수 있다.
이렇게 즉각적으로 행하시는 것을 보면
내 경험으로는 그 마음씨가 보통은 넘는다.

이튿날이었다.
아주머니의 첫째 아드님과 셋째 아드님이
강씨 아주머니의 부름을 받았다.
그 부름이란 우리들 점심 대접하는 스폰서로서 말이다.

우리는 근처 돼지국밥집으로 가서
배부르게 점심을 얻어먹었다.

내가 커피를 사겠다고 했더니
강씨 아주머니가 한사코 오늘은 당신이 사셔야 한다고 했다.
내가 양보할 수밖에 없었다.

그로부터 며칠이 지난
10월 27일이었다. "내일은 점심을 사오지 마" 하시고는
댁으로 가셨다.
이유인즉 제사를 모시는 날이니
음복을 가져오시겠다는 말씀이셨다.

10월 28일이었다.
여러 가지 음식을 들고 오셨다.
우리는 근처 오산 공원으로 올라가서 자리를 펴고
강기순 아주머니께서 가져오신 음식을 펼쳐놓았다.
밥, 나물, 튀김, 김치에 심지어 탕국까지..

점심을 다 먹고는

강씨 아주머니의 철학을 듣게 되었다.
내용 중에 "종종 밥을 사 주시겠다"는 말씀이 포함되었다.

그래서 녹음해놓겠다고 리바이블을 요청했다.

강씨 아주머니는 인생철학을 쏟아내셨다.

요지는 "내 집을 팔아서 남에게 밥을 사 줄 수는 없지만 자기가 가진 것으로 서로 나누며 살아야 한다"는 것이었다.

주변에서 내게 묻는다.
왜 그 나이에 남자로서 요양보호사의 길로 나섰느냐고!
사실 나는 내일배움카드 500만원을 입금 받아서 컴퓨터 프로그래머 자바-파이선 공부과정도 지원했지만 떨어졌고, 도배공도 신청했지만 인원이 다 차서 들어가지 못했고, 타일공은 퇴행생 관절염이 있다는 이유로 주변에서 극구 만류하여서 시작조차 하지 못했다.

그런데 요양보호사로서 배움의 길이 열렸다.
교회에 다니는 나는 길이 열리면

그 길이 하나님께서 인도하시는 길이라 믿는다.
비교적 단순하다.
그러니 나는 늘 외길로 걸어간다.
언제나 뚫려져 있는 그 길로.

오늘
학원에서 처음으로 모의고사를 치렀다.
낙제점수였다.

하나님의 선물, 나의 아내에게 그 슬픈 소식을 전했다.
"화이팅, 그래야 더 분발할 수 있음~~~~~"
언제나 나의 격려자로서 힘이 되는 아름다운 메시지다.

교인 단톡방에 올렸더니

한 권사님은 고소해 죽겠다는 듯 웃는다고 난리다.
한 집사님은 "부산진구 치매 안심센터"로 가보란다.

그 슬픈 소식을
고등학교 친구들 단톡방에 올렸더니
보내온 메시지는 더 악담이다.

"하하 큭큭 대장 위에 병장이라더니,
학장 경력이 문제네!
딴 일 하라는 하나님 계시다, 계시!
이런 코메디가!(한참 롱타임 웃었다)"

하나님께서 인도하신 길에 실패가 있으랴.
며칠 남지 않았지만 하나님 빽만 믿는다.

나는 정년퇴임 이후에 가난한 이웃을 위하여 살기로 했다.
내가 아내에게 지어준 호 "雪影"에 따라
설영장학재단을 만들고 재직 중 제자들에게

장학금을 지급했다.
아직 얼마 되지 않은 금액이지만 이제 2천만 원을 겨우 넘겼다.

언젠가 내가 하나님께로 가게 되는 날 "하나님께서 사랑하시던 가난한 이웃들을 저도 사랑하다 왔습니다"고 말씀드리고 싶다.

2019년 11월 11일
초등학교밖에 나오지 못한 내 누님은
하늘나라로 가시기 전에
가난한 아이들을 도우라며
8,000만 원을
아내가 근무하는 학교에 장학금으로 기탁하셨다.
나는 언제쯤 거기에 미칠까?

강기순 아주머니,

꼭 시험에 합격하시길 기도해야겠다.

후일 얘기를 들은바

할아버지께서 돌아가셔서

요양보호사 시험을 치를 일이 없어졌다는 것이었다.

강기순 아주머니는 베풀면서 살아가야 한다는

가르침을 다시 일깨워주신 나의 선생님이 되셨다.

원로 교수님의 한 수 가르침

오래 전의 일이다.
정년 퇴임하신 원로 교수님들과 함께
몰운대로 가기로 하였다.

아뿔사
나는 그날 약속을 깜빡 잊어버렸다.

휴대전화 벨이 울렸다.
"곽선생,
오늘 우리 몰운대로 가기로 했제?
그런데 나도 깜빡 잊어버렸어.
나도 지금 가고 있으니
택시를 타지 말고
대중교통으로 천천히 와"

나는 부리나케
승용차로 다대포 해수욕장으로 달려가

공용주차장에 차를 세워두고

허겁지겁

몰운대로 올라갔다.

그런데

내게 전화하신 노 교수님께서

벌써 와 계셨다.

알고 보니

내가 미안해하지 않도록

나를 배려하여

그 교수님도 잊어버렸다고

하신 것이었다.

우리는 흔히 상대방이 실수를 할 때

질책하기가 쉽다.

그러나 상대방의 입장을

배려하면서 말을 해야 한다는 것을

그 원로 교수님을 통해서 배웠다.

파자마 바람으로 뛰쳐 나오신 안 예진 여사님

가난한 이웃을 돕자는 이유로
소위 노가다 일을 23일 연속으로 한 터라
몸이 무척 지쳐있었다.
우리 교회 배성호 집사님께서
좀 쉬어가며 일을 하라며 놀러 가자고 했다.
나는 출렁다리로 가자고 했다.
무슨 출렁다리인지도 모르면서.
우리는 거창 Y자형 출렁다리로 갔다.

거기서 나오는 길이 남계서원과 가깝다고 했다.

즉석에서 나는 그러면 차를 얻어 마시러 가자고 제안했다.
우리교회가 효리교회에 국내 선교팀으로 섬기러 왔을 때에
나는 동네의 이런저런 모습을 사진 찍으러 다녔다.
이른 새벽에 정원수가 잘 가꿔져 있고,
수많은 장독대가 놓여있는 어떤 집에 닿았다

그곳에서 사진을 찍고 있었는데,
주인 댁 아주머니께서 나오시더니 “너무 이른 아침이라
대접은 못하겠고
다음에 오시면 차를 한 잔 대접하겠다”고 하셨다.

그 말씀만 믿고 염치 없이
우리는 그 아주머니 댁으로 쳐들어갔다.
빈손으로 뵐 수는 없으니
동네 어귀에서 음료수를 한 박스 샀다.

나는 인간관계의 원칙이 있다:
“어떤 분이든 내가 먼저 관계를 끊지 않는다”
“아주머니 계세요?”하고 큰 소리로 내질렀더니
주인댁 아주머니께서 나오셨다.
파자마를 입고 뛰쳐 나오신 아주머니는
우리에게 차를 대접하기 위해
우리를 별채의 한 방으로 안내했다.

거기에는 죽염을 비롯하여 많은 소금이 있는 방이었다.
최근에 나는 소금을 먹는 것에 관심을 가지고 있었다.

유튜브에서 "소금을 먹지 않아 우리 몸에 염증이 생긴다" 라는 말을 들은 적이 있다.
아주머니는 우리에게
보이차와 구기자차 중 무엇을 마시겠느냐고 해서

우리는 구기자차를 선택했다.
탁자 위에 소금이 있었다.
그것을 맛보면서 같은 종류의 소금을 구입했다.

아주머니로부터 소금에 대해서 이런저런 설명을 들었다.
나중에 명함을 받게 되었는데
<인산죽염 함양점 안예진 여사>셨다.
"내가 손님 맞으러 나오면서 파자마 입고 나온 것은 처음이다"라는 말씀에

무례함으로 미안하기도 했지만
함께 가신 전 권사님께서 한마디 거들었다.
"만남은 우연이지만 관계는 노력이다"
그 문구는 Y자형 출렁다리로 올라가는 계단에 적혀 있는
말이었다.

시간만 좀 더 있었으면
거기서 보이차까지 얻어 마셨겠지만,
갈 길이 있어 잠시 머물다 그 댁에서 나왔다.

갑작스럽게 쳐들어갔지만
파자마 바람으로 뛰쳐나와 반겨주신 안예진 여사님은
"찾아온 손님을 어떤 경우에도 박절하게 대하지 않고 파자
마 바람으로라도 뛰쳐나와 반갑게 맞아야 한다"는 것을
가르쳐 주셨다.

우리의 무례함을 덮어주신 안 예진 여사님은 나의 선생님이 되셨다.

후일 나는 한 지인의 아로니아 농장에서
아로니아를 따서 안예진 여사님께 보내드렸다.

일은 빡시게, 그러나 대접은 후하게

2023년 7월 21일 저녁이었다.

**인력 소장님께서 전화를 주셨다.

내일부터 <**건설>현장으로 나갈 수 없다고 했다.

핑계는 4대 보험건을 들었다.

그건 그야말로 핑계였다.

적어도 50일을 채워 500만 원을 벌어

가난한 이웃들에게 보탬이 되어야지라는

나의 야무진 생각은 물거품이 되었다.

마음먹었던 직장에서 쫓겨나게 되었다.

내일(토) 하루만이라도 나가게 해 달라고

사정했지만 받아들여지지 않았다.

누가 해도 하겠지만

옥상에 마대자루만 올려놓고

끝내지 못한 일이 있었기 때문이다.

그 일은 김** 반장님이 주문한 것이었다.

김** 반장님은 참 좋으신 분이셨다.

아침 참으로 우리가 라면을 먹을 때에

댁에서 떡을 가져오셔서 함께 나눠 먹으셨다.

그리고 일을 시키는 방법도 독특했다.

"쉬어가면서 해"

아무튼 그래도 그동안 함께 한 분들께 인사를 드려야지.

김** 반장님, *주임, *주임, *반장께

그동안 도와줘서 고맙다고 카톡으로 인사를 드렸다.

먼저 김** 반장님께 전화를 드렸다.

"부탁하신 일은 마무리를 짓지 못했으며,

내일부터 못 나가게 되었습니다" 그러자

"그러면 **건설에서 누군가 얘기를 했어"라고 하셨다.

그러고 보니 어제 일어난 일이 떠올랐다.

나는 레미콘 차량을 통제하는 일을 맡았다.

레미콘 차량이 도착하면 일정 위치에 정차시키고,

그 차량이 작업을 할 때

도로를 생생 달리는 다른 차들에게

레미콘 차량을 피해가라고 알리는 기수 역할이었다.

레미콘 차량이 오지 않을 때에는

레미콘 차량을 기다리며 가게 앞에 있는 벤치에 앉아 있었다.
그게 모 주임의 신경을 거슬린 것임에 틀림없는 듯 했다.

**건설로 일을 나가지 못한 나는
다시 인력시장으로 나갔다.
그 날은 토요일이었다.
거기서 나는 새로운 일을 부여받았다.
일단 냉정역 4번출구로 가서 전화하라고 하셨다.
얼마 뒤에는 대학생 한 명이 전화할 거라고 하셨다.
그 학생과 나는 <청람건설> 사장님께 인사를 드리게 되었다.
우리를 태워 아마도 자주 가시는 듯한 한 식당으로 갔다.
아침을 먹고 가자고 하셨다. 라면이었다.
식당 주인 아주머니는 토요일은 라면이라며 아주 미안해
하셨다.
사장님을 포함하여 6명이 일을 하게 되었다.
스카이도 동원된 작업이었다.
현장은 좌천역이 가까운 곳이었다.
정오연 의사 생가가 가까이 있는 곳이었다.

우리는 그 근처의 한 식당에서 식사도 하게 되었다.
<영양돌솥밥>과 <육개장> 중에서 어느 것을 먹겠느냐고 했다.
염치없이 영양돌솥밥을 선택했다.
<**건설>에서 일할 때,
<육개장 칼국수>를 한 번 주문한 적이 있는데,
육개장 칼국수에 혼이 났기 때문이었다.
나중에 메뉴표를 보니 육개장 9,000원, 영양 돌솥밥 12,000원
머슴 주제에 너무 비싼 음식을 주문한 것이었다.

그곳에 같이 일을 하러 오신 분이 계셨다.
그분의 얘기에 따르면
"사장님은 일 욕심이 많으신 대신 일꾼들을 잘 먹이신다"
미리 얼음물도 준비시켜 놨고, 점심을 먹은 후에는
직원에게 게토레이 등 이온 음료와 커피,
그리고 아이스바를 사오게 해서 먹게 하셨다.
일꾼들에게 대접하는 일에 아주 후하셨다.

** 건설에서 일할 때 물도 제대로 공급되지 않은 경우가 많았던 터라

오늘 온 일터는 아주 복이 많은 곳이라고 생각했다.

일은 빡시게 시키되,

일꾼들에게 대접은 후하게 하시는

청람건설 사장님의 모습이 대단해 보였다.

일 욕심은 많은 대신

일꾼들을 잘 먹이시는 청람건설 사장님은 나의 선생님이 되셨다.

언젠가 그곳으로 찾아가서 뵙고

내가 쓴 졸저 "선생님, 나의 선생님"의 개정판을 꼭 전해드려야겠다고 생각했다.

최연의 집사님

하나님께 서약했다:
"정년 퇴임 이후에는
가난한 이웃과 함께하겠습니다"

어쩌면 이 서약은
내가 하지 말았어야 할
서약이었는지도 모른다.
왜냐하면 가난한 자에게
필요한 것은 물질이고
나는 큰 물질을
가지고 있지 않기 때문이다.

정년퇴임 이후에
독어독문학자인 내가
돈을 벌 수 있는 길은 거의 전무했다.

나는
요양보호사 자격을 따서

얼마간 요양보호사로 일했다.
그런데 하루 세 시간 노동으로
수익이 별로였다.

한번은
장애자이신
조씨 어르신을 돕게 되었다.
어르신은 전동차를 몰고 내달렸고
나는 그 뒤를 따라가기가 바빴다.

그 어르신은
북구장애인 종합복지관으로 가셨다.
나도 어르신을 따라
그곳으로 갔다.
하루 종일 지하철을 타고 다녔다.
집에 돌아오니 오후 세 시가 넘었다.
이것은 아니다 싶었다.

후배 교수의 권유로
장애인활동지원사 교육을 받고
그 자격증을 취득했다.

장애인을 돕는 일은
참으로 귀한 일이나
그것도
나를 필요로 하는 장애인과
연결되기가 쉽지 않았다.

내가 얻고자 하는 것은 돈인데
돈을 벌기가 정말 힘들었다.

그래서 막노동에 나서기로 했다.
우리 교회 최연의 집사님의 소개로
어느 날 공사현장으로 갔다.

최연의 집사님은

**건설의 공사현장에서

절대적 신임을 받고 있었다.

그런데 그곳은

방진마스크를 쓰고 다녀야

할 정도로 먼지가 많이 나는 곳이었다.

그야말로 기술이 전혀 없는 잡부이다 보니

내가 하는 주된 일은

공사현장의 쓰레기를

마대자루에 담아 나르는 일을 하였다.

때로는 비가 들어와 질퍽거리는

건물의 방마다 물을 퍼내는 작업도 하였다.

물을 퍼낼 때

보통의 사람들은 고무로 된

삽으로 퍼내고 그만둔다.
그러나 최 집사님은
어디서 스폰지를 구해 오셔서
남은 물기를 그 스폰지로
말끔하게 닦아낸다.

그 이전에
최 집사님의 하루 일과 시작은
섬김으로 시작한다.
무더운 여름날에
거의 매일 댁에서 음료를 가져오셔서
함께 일하는
막노동 일꾼들과
나누면서 하루를 시작한다.

때로는 블루베리 쥬스로
때로는 미숫가루 음료로

때로는 댁에서 가져오신 떡으로
아침에 새참을 먹는 시간에 함께 나누신다.
빠지는 날이 없이 꾸준히

이런 최 집사님이 동료들이나
현장의 윗분들에게 신임을 받는 것은
지극히 당연한 일이었다.

왜냐하면
섬김받기를 싫어하시는 분은 없기 때문이다.

장기수 집사님

우리 속담에 "하나를 들으면 열을 안다"는 속담도 있고,

"하나를 보면 열을 안다"는 속담도 있다.

전자는 어떤 이의 천재성을 말하면 반면,

후자는 부정적, 혹은 긍정적 평가를

어떤 건으로 미루어 짐작할 수 있을 때 쓰는 말이다

장기수 집사님은 1945년 8월 15일생 해방둥이다.

그러니까 2023년 올해 연세가 일흔여덟이다

우리 교회 교적부에 따르면 집사님은

2018년에 우리 교회에 등록하셨다고 한다.

등록한 그해 연말부터

성경을 통독하신 걸로 기억하신다

2023년 11월 현재 성경을 59독 하셨다고 한다.

집사님에 따르면 하루에 70쪽씩 읽으면

25일이면 1독이 가능하다고 한다.

구약이 1331쪽, 신약이 423쪽이니

1754쪽을 25일로 나누면 약 70쪽이 된다.

이제 겨우 3독을 한 나는 하루에 몇 쪽씩 읽으면

며칠 만에 1독이 가능한지도 알지 못한다.

내가 집사님에 관심을 갖게 된 것은

내가 새벽기도에 나가면 항상 집사님이

맨 앞자리에, 맨 먼저 새벽기도에 도착해 계셨기 때문이다.

우리 대연성결교회 새벽기도

시작 시간은 5시 30분이다.

집사님은 항상 4시 30분에 교회에 와 계신다.

집사님의 기도하는 모습이 참 특이하다.

언제나 두 손을 높이 치켜들고 기도하신다.

그 이유는 죄가 많으므로

하나님께 죄를 사해 달라고 기도하신다고 한다.

집사님의 표현을 빌리자면

벌을 서는 모습이라고 한다.

우리가 학창시절에

가끔 두 손을 높이 들고 벌을 섰듯이 말이다.

집사님의 주된 관심사는

거룩함을 어떻게 하면 유지하느냐의 문제이다.

4남 4녀의 남매들 중에서 두 번째로 태어난 그는
일 때문에 하동고등학교 2학년을 중퇴하셨다고 한다.
그러나 모든 일에 열심을 다 하였으므로
하동군에서 실시된 농촌 청년들 교육에
언제나 선발되셨었다고 한다.
이 하나를 보면 열을 할 수 있다.
집사님의 종교생활 이력은 특이하시다.
남묘호랑게교 하동군 악양면 지구부장까지
역임하셨다고 한다
무엇을 하시든지 간에 열심히 하셨다는 얘기다.
기독교로 전향하신 후
마음을 단단히 먹고
믿음의 경주에서 뒤처지지 않으시려는 모습은
안수집사인 나를 매우 부끄럽게 한다.
소위 말하듯이 가방끈이 긴 것이
믿음에 무슨 소용이 있나?
남들보다 한 시간 이전에

새벽기도에 나오시는 열정과
성경 말씀을 59독 할 정도의 열심을 나는 갖고 있지 못하다.
한 번은 성우회 모 집사님이
소천하셔서 장례식에서
함께 운구를 담당한 적이 있다.
농담으로 “나를 5남에 소속시켜
운구 위원으로 계속 헌신하실 수 있도록 해 달라”고 하셨다.
집사님은 일흔이 넘으시는 분들로 구성된
성우회 소속인데 말이다.
그뿐만이 아니다.
집사님은 1부 예배부터 3부 예배까지 드리신다.
1부 예배와 2부 예배는 반드시 드리시고,
3부 예배는 성우회 새신자가 계실 때
바나바로 함께 예배를 드리신다고 한다.
집사님의 열정을 본받고 싶다.

신용경 권사님과 박인애 권사님

내가 신 권사님을 알게 된 것은
기독교 대한 성결교회 부산 서지방회 여전도회가
깜퐁츠낭에 교회를 건축하고 봉헌예배를 드리러 갈 때에
권사님과 함께 동행하면서였다.
권사님은 깜퐁츠낭 교회 봉헌과 관련하여
부산서지방회 여전도회 대표이셨다.

신 권사님은
남이 갖고 있지 못한 매력을 몇 가지 갖고 계신다
첫째는 천진난만함이다.
천진난만함에 필수적 동반요소가 사실 솔직함이다.
일흔의 신 권사님은
다섯 살 먹은 애기의
솔직함을 갖고 계신다.
생각하고 계신 것을
거의 숨김 없이
그대로 드러내신다

대표적인 예가 "나는 사진 찍히길 좋아한다"이다.

사진 찍히길 좋아하는 분이

어디 신 권사님뿐이랴?

신 권사님이 사진 찍히길 좋아한다는 사실을

알만한 사람들은 다 아신다

그걸 스스로 말씀하시기 때문이다.

그렇다고 신 권사님 앞에서 마음이 흐트러지면 큰일 난다.

무슨 책임 추궁이 뒤따른다는 의미가 아니라

생각이 없으신 분은 아니라는 얘기다

신 권사님의 두 번째 매력은

남들이 쉽게 갖기 힘든 탁월한 리더십이다.

이 리더십은 사실 아무나 갖기 힘들다.

왜냐하면 신 권사님의 리더십은

섬김의 리더십이기 때문이다.

권사님이 거의 항상 먼저 손해 보고

권사님이 거의 항상 먼저 베푼다.

교회 내 섬김과 관련하여서는
신 권사님은 절차와 위계를 강조하신다
선교후원과 관련해서도 그렇다.

선교지를 후원하는 것과 관련해서도
현지 교인의 자립심을 꺾는다면
그건 옳지 못하다는 생각이 확고하시다

현지 교인들이
스스로 일어서려는 의지를 보일 때
부축해 줘야 한다는 것이다.

돈을 필요로 한다고
그때마다 즉각적으로 후원한다면
그건 자립 의지를 꺾기 때문에
그런 후원은 자제해야 마땅하다고 말씀하신다

내 아들이 식당을 개업하였다.
어느날 거기서 점심 식사를 함께하자고 하셨다.
내 아들의 경우라서 하는 말이 아니라
참 의리가 있으신 분이시다.
그때에도 사과, 칼, 쟁반을 댁에서 직접 챙겨오셨다.
아들의 옛날 교회 후배가 거들기 위해서 일찍 출근하였다.
그걸 잊지 않으시고 격려하시며 팁까지 챙겨주셨다.

이런 신 권사님 곁에
소위 대변인이라 자처하며
박인애 권사님께서 함께 하시니
얼마나 보기가 아름다운지!
당일
박 권사님은 깜퐁츠낭 모임 회원님들을 위하여
목도리를 하나씩 준비해 오셨다.
심지어 우리 아들 목도리까지
이렇게 두 분이 죽이 잘 맞을 수가!

이분들이 오래오래 사셔야 내가 덕을 좀 볼 것 같다

참 닮고 싶은 분들이다.

친구란 무엇인가?

지금은 폐교되었지만
우리는 청하남부초등학교 6회 졸업생들이다.

지난해에 초등학교 친구들이 모이면서
내년 모임 날짜를 언제로 할 것인가 정할 때
자연산 송이를 따는 이희대라는 친구가
일찌감치 날짜를 2023년 10월 7일 토요일로 하자고
못 박았다.

이유인즉 그때쯤 송이가 나니
친구들에게 자연산 송이 맛을
한 번 보여주겠다는 것이었다.

총무님과 모임 장소를 결정하면서
한우보다 값이 싼 <청진횟집> 이라는 횟집으로 정했다.

횟집으로 찾아갔으나

횟집은 시장통 안에 있는 횟집이었다.
주차장을 찾지 못해 한 아주머니가 운영하시는
칼국수 가게 앞에 차를 주차시켰다.
아주머니가 나오시더니 양해를 해주셨다.

1년 만의 고향길 방문에 고향의 인심을 느꼈다.
나중에 청진횟집의 주차장이 있는 것을 알고
차를 그 주차장으로 옮겼다.

친구들과 모임을 마치고
차를 나눠서 타게 되었다.
내 친구 이기철이가 자기 농장을 좀 들리자고 했다.
고추를 따서 말린 것이 있는데 그걸 좀 주겠다고 했다.
그때까지만 해도 나는 밭에서 생 고추를 좀 따서 주는 줄 알았다.
창고문을 열더니 건조시켜서 저장해둔
고추 한 자루를 꺼내 주는 것이 아닌가?

게다가 밭에서 농약을 치지 않고
키운 것이라며 무우를 뽑아 주었다.
그리고 잠시 뒤에는 호박을 큰 것을 하나 따서 주었다.

농사 짓기가 얼마나 힘든데.
그리고 애써 키우고 따서
건조기에 넣어 말려둔 고추를 한 자루씩이나...

그 사이에 자연산 송이를 따는 친구로부터 전화가 왔다.
송이를 다듬어서 갖고 갈 터이니
읍내에 있는 다른 친구가 운영하는
정육식당(정일식육식당)으로 오라고 했다.

요즘 송이값이 좀 싸졌다 해도
산에서 밤을 새워가며 지키고,
따서 다듬은 송이를 식당으로 가져왔다.

내 형편으로는 어려울지 몰라도
송이가 그렇게 먹고 싶으면
무리해서라도 송이는 사 먹으면 된다.

친구들을 위해서
나 같으면 과연 그럴 수 있을까를 생각해봤지만
돈 생각에, 내가 한 노동에 어려울 것만 같았다.
그런데 이희대는 자식새끼와도 같은
송이를 가져온 것이다.
서울에 사는 친구들이 빨리 가야 한다며
떠나는 바람에 송이를 구워먹고
남은 것은 친구 셋이서 나눠가졌다.
우리는 등심을 시켜 송이와 함께 먹었다.
<친구야, 나는 송이만 먹을 터이니 자네는 등심만 먹게나>
하는
농담을 주고 받으며 말이다.

10월 7일 토요일, <친구란 무엇인가?> 라는 것을

다시 생각해 보게끔 한 귀한 날이었다.

귀한 깨달음까지 선물로 듬뿍 안겨준

사랑하는 친구들에게 무한 감사를 드린다.

거짓말할 줄 모르는 사람

나의 선친이 살아계실 때 내게 이런 말씀을 하셨다:
"남자는 거짓말과 우산은 들고 다녀야 한다"

학교 문턱에 가신 적이 없으신 선친이시기에
선친이 생각해낸 말씀이라기보다는
아마도 집안의 어르신들로부터
들으신 것을 내게 전하신 것 같다.

고 채수근 상병 사망 사건과 관련하여
뉴스의 초점에 선 한 분이 계시다.

그는 박정훈 대령이다.

친구들이 그의 품성을 정의하길
"거짓말할 줄 모르는 사람"

박정훈 대령,
그는 그의 사무실 한 쪽 벽면에
"공명정대"라는 액자를 걸어놓고
그렇게 살려고 애쓰시는 분이시다.

그가 김근태 상을 수상하면서
수상 소감을 발표하는 자리에서
이렇게 말했다.

"박정훈 대령,
너의 선택은 옳았고
절대 뒤를 돌아보지 말고
앞만 보고 나아가라.
당당하게 나아가라.
충분히 자랑스럽고 대견하다."

선친의 가르침이 부끄럽게 생각되고,

박정훈 대령의 당당함이

왜 그렇게

내 일처럼 자랑스럽게 생각되는지!

대한민국 국민들은 “집단항명의 수괴”에게

왜 이토록 열렬한 지지를 보내는가?

그게 의문이다.

인도 속담

"마흔 살이 넘으면
사람은 자기 얼굴에 책임을 져야 한다."
(Every man over forty
is responsible for his face.)
이는 에이브러햄 링컨의 말이다.
링컨은 "모두(every man)"라고 말하며
예외를 허용하지 않았다.

그런데 아무런 생각 없이 살다
이미 오래 전에
마흔을 넘긴 나는
어떻게 해야 하나?

"네가 태어날 때,
너는 울고
세상 사람들은 기뻐하였다.

네가 죽을 때,

세상 사람들은 울고

너는 기뻐할 수 있도록

그렇게

네 인생을 살라”

(When you were born,

you cried

and the world rejoiced,

Live your life

in such a manner

that when you die,

the world cries

and you rejoice.)

‘나 기쁘게 죽고

그때 세상 사람들 울리기’

그게 내 남은 삶의 목표이다.

이진섭 사장님

내 군 복무시절에 후임병 중에
이진섭이라는 후임병이 있었다.

우리는 기성군 사동리의
부대에서 함께 근무했다.

사동리에 근무하는 병사들이 함께 모이기로 했다.
강릉에 최명석 사장이 계시고
양양에 윤종욱 사장이 계셔서
우리는 양양에 있는 윤종욱 사장이
부모님으로부터 물려받은 생가에서 모였다.

우연히 얘기를 나누다
설영장학재단의 얘기를 하게 되었다.

그러자 이진섭 사장이
학생을 몇 명 추천해 달라고 해서
경성대학교 재직 시절에

학생 몇 명을 추천해 드렸더니
그 학생들이 졸업할 때까지
“도진 엔지니어링 장학금”이라는 명목으로
나의 제자들에게 장학금을 지급하였다.

이진섭 사장은 우리가
모이면 모든 경비를 책임지셨다.

나도 너도 경비를
부담할 생각을 가지고 있었지만
이진섭 사장이 혼자 부담하시는 바람에
우리는 그냥 얻어먹기만 했다.

그리고 윤종욱 사장의 생가 근처
밭에 심어둔 고추를 따서
나눠가졌다.

그러길 두어 번 했더니
윤종욱사장이
올해는 고추를 심지 않았단다. ㅋㅋ

그런데 이진섭 사장은
얼마 전에 아프리카에
우물파기를 시작하신다더니

최근 소식에서는 더 큰 일을 벌이셨다
그것은 카메룬에 기술전문학교를
세우기로 한 것이다
학교명은 "관용세실고등기술학교"란다.

사동에 함께 근무했던 전우들이
모두 자기 일인 양 기뻐하고 있다.

후학들을 위해 장학금 주기부터

우물파기,

그리고 기술전문학교를 세우기까지 하는

이진섭 사장님과 도진엔지니어링에

하나님의 큰 축복이 함께 하길 기원한다

카메룬 바피아 신축 기술학교 축복식 참석

2025년 2월26일부터 3월6일까지 선교위원장 최수경 테레사 수녀가 카메룬 선교지를 방문하였다. 그곳 바피아에 지은 기술학교 건축비 전액을 후원한 이진섭 바오로, 박관용 세실리아 부부와 함께 신축건물 축복식에 참석하기 위해서였다. 3월 3일, 바피아 현지에서 신축 기술학교 준공식을 겸한 축복식이 있었는데, 교구 총대리 신부, 학생, 교직원, 수녀, 학부모 등 100여 명이 참석하였다. 이날, 이진섭 바오로 형제가 뜻깊고 감동적인 축사를 해주어 참석자들에게 큰 울림을 주었다. 축복식에 참석했던 젊은이들은 이진섭 형제의 축사 메시지가 감동적이었고 자신들도 할 수 있다는 용기를 얻었기에 감사드린다는 소감을 전했다. 다음은 이진섭 형제의 축사 중 일부를 발췌하였다.

저도 어렵게 공부하면서 늘 상급학교 지망에 대한 꿈을 가지고 어린 나이에도 불구하고 조금씩 경제활동을 해서 학업을 이어갈 수 있었습니다. 일과 공부를 함께 하면서 언젠가 내가 돈을 벌면 "나는 어떤 사람이 될 것인가?"를 늘 반문하면서 살았습니다. (중략)
선종하신 이태석 요한 신부님의 헌신적인 사랑의 실천을 보며 저도 그 신부님처럼 주님께서 제게 주신 은총과 사랑에 응답하여 어렵고 도움이 필요한 청소년들을 위한 학교를 짓고 우물을 파겠다고 결심했습니다. (중략)
우리는 배우면서 희망을 키우고, 배울 수 있을 때 꿈을 꿀 수 있습니다. 여러분들도 희망의 끈을 놓지 않고 목표를 정하고 열심히 공부하면 원하는 것을 이룰 수 있을 것입니다. 기회는 누구에게나 오지만 많은 사람은 그 기회를 놓치고 맙니다. 그러나 기회를 잡은 사람들은 갖은 역경과 고통을 감내하고 노력하며 때를 기다렸던 사람들입니다. 여러분들은 어떤 사람이 되고 싶습니까?

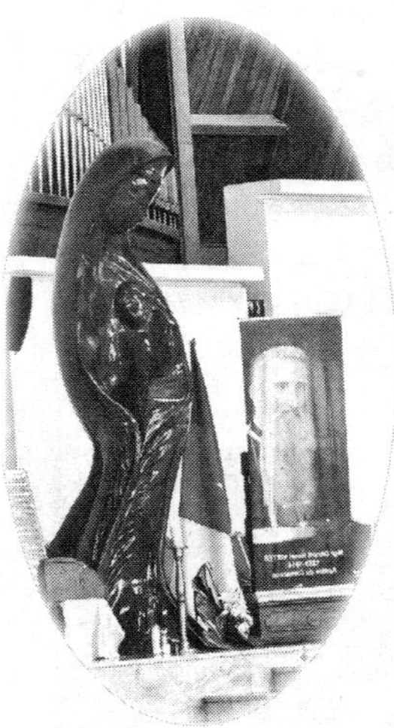

저자 후기

필자의 선생님들에 대한 얘기를 풀어놓고 나니, 오히려 부끄러워진다. '그렇게 많은 선생님을 두고도 행실이 그렇게 밖에 되지 못했나?'라는 질책이 있을 것 같아서이다. 모두 필자의 부족함 때문이다. 혹자는 '억지로 책을 만들기 위한 글이 아닌가?'하고 물어올 수도 있다. 그러나 그 질문에 대해서는 단호히 '아니오!'라고 말할 수 있다. 지금까지 살아오면서 필자는 행복한 사람이었다고 생각한다. 왜냐하면 그렇게 신실하고 좋으신 많은 분들과 함께 살아왔다는 것이 참 감사한 일이기 때문이다. 아직도 필자에게는 부족한 부분이 많이 있지만 '나의 선생님'들은 필자에게 매순간, 그리고 끊임없이 가르침을 주고 계신다. 공자님은 논어 술이편에서 "삼인행 필유아사언(三人行 必有我師焉)"이라고 하셨다. '세 사람이 함께 가면 그 중에 틀림없이 나의 스승이 될 만한 사람이 있다'는 말이다. 그리고 이어서 말씀하시기를 '좋은 점이 있으면 본받고, 좋지 않은 점이 있으면 그것을 보고 나를 고치라'고 하신다. 결국 세 사람 중 한 사람이 아니라, 모두를 스승으로 삼아야 한다는 의미가 아닐까? 선악개오사(善惡皆吾師)! 선이든 악이든 모두가 다 나의 스승이다!

야고보서 3장 1절에는 "내 형제들아 너희는 선생된 우리가 더 큰 심판을 받을 줄 알고 선생이 많이 되지 말라"고 하셨다. 스스로를 높여 남들의 선생이 되려고 하기보다는 많은 사람들을 자신의 선생님으로 모시는 자가 복되다. 이 책을 통하여 필자가 누구의 선생이 되려는 생각은 결코 없다. 세상에는 이런저런 훌륭한 생각을 가지신 분이 참 많다는 것을 필자가 직접 경험한 분들을 통하여 말하고자 함이다. 그와 더불어 작은 소망이 있다면 청소년들이 이 책을 통하여 작은 변화를 경험하길 바란다.

이 지면을 빌어 '선생님, 나의 선생님'들에게 진심으로 감사드린다. 지금까지 이런 훌륭한 분들과 함께 살아왔다는 것이 얼마나 복된 일인가?

신아사가 아니었다면 『선생님, 나의 선생님』은 출간되지 못했을지도 모른다. 본서가 출판사의 출판 방향과 맞지 않음에도 불구하고 용기를 내어주신 정현걸 대표이사님께 깊이 감사드린다.

2019. 2.

곽병휴

경북대학교 사범대학 독일어과를 졸업하고, 동 대학교 대학원에서 박사 학위를 받았다. 경성대학교 문과대학장을 역임하였으며, 문과대학 글로컬 문화학부 교수로 재직하다 2022년 2월에 정년퇴임하였다. 독일문화와 관련하여 여러 권의 역서 및 저서가 있다.

1) 독일어 구문이해(역서 1989)
2) 하이델베르크에서 쓴 독일 독일인(2000)
3) 독일문화 틈새 읽기(2002 편역서)
4) 도시 속의 독일문화(상)(2004)
5) 하이델베르크. 낭만적인 고성의 도시(2004)
6) 글로벌매너 완전정복(공저, 2005)
7) 베를린에서 쓴 독일, 독일인(2007)
8) 유머전략(역서, 2007)
9) 글로컬 시민되기, 글로컬 시민예절(비매품-글로컬문화인력양성사업단)
10) 동화의 재발견(비매품-글로컬문화인력양성사업단)
11) 언어상대성 원리는 있는가(2016, 인문명저번역 선정)
12) 곽병휴 교수의 기독교 인문학특강(2019)
13) 선생님 나의 선생님(2019)

선생님, 나의 선생님

초판 1쇄 발행 _ 2019년 4월 21일
2판 3쇄 발행 _ 2025년 6월 30일

인 지

저　　자 • 곽 병 휴
발 행 인 • 정 현 걸
발　　행 • 신 아 사
인　　쇄 • 삼일문화
출판등록 • 1956년 1월 5일 (제9-52호)
주　　소 • 서울시 은평구 통일로 59길 4(2층)
전　　화 • 02)382-6411 · 팩스 02)382-6401
홈페이지 • www.shinasa.co.kr
E-MAIL • shinasa@daum.net

ISBN 978-89-8396-339-0 (03810)

정가 10,000 원